Transformação Digital

Transformação Digital

OS DESAFIOS, O PENSAR E O FAZER

GUIA DE APOIO ÀS EMPRESAS – EDIÇÃO BRASILEIRA

2023

Rui Ribeiro
Paulo Veiga

ACTUAL

TRANSFORMAÇÃO DIGITAL : OS DESAFIOS, O PENSAR E O FAZER
GUIA DE APOIO ÀS EMPRESAS - EDIÇÃO BRASILEIRA

AUTOR: Rui Ribeiro e Paulo Veiga

DIRETOR ALMEDINA BRASIL: Rodrigo Mentz
EDITOR: Marco Pace
EDITOR DE DESENVOLVIMENTO: Rafael Fulanetti
ASSISTENTES EDITORIAIS: Larissa Nogueira e Letícia Gabriella Batista
ESTAGIÁRIA DE PRODUÇÃO: Laura Roberti

DIAGRAMAÇÃO: Almedina
DESIGN DE CAPA: FBA

ISBN: 9786587019604
Abril, 2023

Dados Internacionais de Catalogação na Publicação (CIP)
(Câmara Brasileira do Livro, SP, Brasil)

Ribeiro, Rui
Transformação digital : os desafios, o pensar
e o fazer / Rui Ribeiro, Paulo Veiga. -- 1. ed. --
São Paulo : Actual, 2023.

ISBN 978-65-87019-60-4

1. Administração de empresa 2. Sistemas de
informação - Administração 3. Transformação
digital I. Veiga, Paulo. II. Título.

23-145315 CDD-658.4062

Índices para catálogo sistemático:

1. Transformação digital : Sistemas de informação empresarial : Administração 658.4062

Aline Graziele Benitez - Bibliotecária - CRB-1/3129

Este livro segue as regras do novo Acordo Ortográfico da Língua Portuguesa (1990).

EDITORA: Almedina Brasil
Rua José Maria Lisboa, 860, Conj.131 e 132, Jardim Paulista | 01423-001 São Paulo | Brasil
www.almedina.com.br

Este é um livro que só é possível existir porque somos mais do que um simples indivíduo. Somos um conjunto de experiências e realidades que, no meu caso, se alicerça na família e nos amigos.

À minha esposa Ana, pelo apoio na construção do nosso projeto de vida. Aos meus filhos Pedro, André, Vitória e Carminho, por serem a luz do meu caminho e serem um orgulho constante. Aos meus pais, por terem tornado tudo possível. À minha avó Ester, que sendo uma estrela continua a brilhar, pela defesa dos seus netos. Aos meus quatro patas Lucas e Luna, que já são estrelas e foram uns verdadeiros companheiros, e ao mais novo quatro patas Bento, que está a prometer anos de amizade. Ao Xico, o nosso agapornis roseicolli, *que nos surpreende diariamente. Aos amigos que fazem a diferença diária, por estarem sempre disponíveis.*

Rui Ribeiro

Faltava-me escrever um livro. Já plantei uma árvore, aliás várias, e tenho um filho que me enche de orgulho. Faltava, de facto, preencher esta página para perpetuar o meu legado.

Este livro é a soma das minhas experiências e a partilha de conhecimento com aqueles que tiverem a oportunidade de o ler, para que possam, eventualmente, acrescer valor ao seu próprio desenvolvimento.

À Ana, a minha esposa, espero que me perdoe pelo tempo que lhe roubei.

Como os últimos são sempre os primeiros, dedico este livro aos meus pais, os meus maiores e melhores orientadores e porque foram eles que cometeram a loucura de emprestar dinheiro, para criar a minha primeira empresa, a um puto saído da faculdade.

Finalizo parafraseando Platão, porque é isso que eu, de facto, sinto quando leio um livro e o que espero também de quem tenha tido paciência de ler isto: "Livros dão alma ao universo, asas para a mente, voo para a imaginação, e vida a tudo."

Pensem e voem na direção da Transformação Digital.

Paulo Veiga

PREFÁCIO POR SANDRA TUCHI — CEO DIGITALENTS[1]

Neste livro, Rui Ribeiro e Paulo Veiga, com seus excelentes currículos, nos apresentam de forma clara e simples, como a Transformação digital vem se desenvolvendo ao longo do tempo e impactando empresas de todos os perfis e portes.

Impactando, por sua vez, também a todos nós profissionais seja como empreendedores, empresários, executivos ou técnicos.

Traz uma reflexão importante sobre o mercado e o momento brasileiros, traçando detalhes sobre os imensos desafios de se empreender num país jovem e instável como o Brasil e da importância do papel das lideranças para ala-

[1] Sandra Turchi é uma das principais referências com atuação internacional quando o assunto é Transformação Digital (Internet das coisas, big data), Marketing, Marketing digital, E-commerce etc.
Eleita como um dos profissionais de Marketing mais importantes nas mídias sociais, no mundo, pela revista americana SMMagazine, por três anos seguidos. Palestrante TEDxSP, com o tema "Digital para o bem e para o mal". Autora do Best Seller "Estratégias de Marketing Digital e E-commerce" e co-autora do livro Marketing no Brasil, lançado pela ESPM.
Leciona na ESPM, Insper, FGV, SEDA (Irlanda), St. Paul Escola de Negócios e Universidade Lusófona de Lisboa e tem parceria com a Universidade de Leipzig da Alemanha. Foi executiva de marketing por mais de vinte anos em diversos setores e é CEO da Digitalents, empresa focada em Transformação Digital

vancar esses processos dentro das companhias. Lideranças cada vez mais desafiadas pelas mudanças ágeis do mercado.

Ribeiro frisa, como eu também sempre falo em minhas aulas, estar no ambiente digital deixou há muito de ser uma opção para se tornar uma imposição do mercado!

Acerta ao esclarecer que a Transformação digital vai muito além da tecnologia pois engloba pessoas, infraestrutura, e este livro visa justamente apoiar os empresários em suas necessidades de capacitação dos seus times para fazer frente a toda mudança que vem ocorrendo.

É fundamental compreender que o negócio é que importa, e a tecnologia o suporta. Mas hoje em dia ambos estão fundidos. Gosto da metáfora utilizada de que o digital nas empresas não é uma corrida de 100 metros e está mais para uma maratona, daí a necessidade de se ter uma estratégia, para se manter eficácia e eficiência.

Há outro ponto em que concordamos muito que é a questão do valor humano dentro deste mundo cada vez mais digital. Sem deixarmos de entender obviamente a importância crescente do mundo dos dados e o nível de maturidade de diferentes empresas.

Rui aborda conceitos trazendo frameworks e teorias de grandes mestres para facilitar a aplicação e visão pratica desse tema amplo nas empresas, com a apresentação de diversos cases. Um dos pontos fortes é a abordagem da cadeia e geração de valor dentro do ambiente digital.

Enfim este é um livro essencial para quem deseja compreender melhor a Transformação digital.

PREFÁCIO POR LUIS RASQUILHA — CEO ECOSSISTEMA INOVA[2]

Um mundo em transformação... digital

Escrever o prefácio de tão importante obra reveste-se de alguns desafios:

- Em primeiro lugar, o de estar perante um profissional e professor (além de colega e amigo), especialista na área e de um outro profissional empresário reconhecido valor na transformação de processos de transformação documental para o mundo digital;
- Em segundo, porque se trata de um tema atual e cada vez mais na agenda de empresas e universidades, profissionais e estudantes, sendo por isso difícil agregar algo verdadeiramente novo a tudo o que este livro por si só já nos apresenta;
- Em terceiro, porque sendo eu uma pessoa de Futuro, Tendências, Estratégia e Inovação sou por natureza apaixonado pelo tema e por isso, como se diz, "juiz em causa própria" de algo que me é caro desde sempre.

Mas vamos lá.

[2] *CEO do Ecossistema Inova, Conselheiro da Mercur Brasil, Colunista do MIT Sloan Review Brasil e da Executive Digest Portugal, Professor convidado da Fundação Dom Cabral, Esalq/USP e Hospital Albert Einstein.*

O tema da Transformação Digital (preparar empresas para um crescente mundo digital e online) tem assumido relevância crescente nos negócios.

No mundo da conexão e das máquinas inteligentes não chega estar conectado e online. Precisamos, em primeiro lugar, ganhar consciência sobre o tema, conhecer os passos necessários para o sucesso da Transformação Digital e, posteriormente, desenhar a metodologia correta para a sua implementação.

Transformação Digital significa incorporar tecnologias digitais para mudar radicalmente a maneira como a empresa opera, compreendendo, muitas vezes, mudanças em seus modelos de negócio.

Ainda que não seja um fenómeno novo, já sentimos que existem mudanças significativas a acontecer e sinais claros do embrião de uma revolução.

Estamos a trilhar os primeiros passos que ao longo dos próximos anos vão desmontar empresas e até setores consolidados.

Funções e empregos existentes estão desaparecendo e outros estão surgindo em seu lugar. Competidores estão surgindo de lugares inesperados, criando setores e indústrias.

As grandes questões são: As empresas e seus executivos estão-se dando conta destas transformações que já são reais? E o que estão fazendo para navegar nesse novo contexto?

O ano 2016 fica marcado pela tomada de consciência a nível empresarial do desafio do Digital, tendo entrado no léxico de gestão o termo "fugir ao momento Kodak", relembrando como foi possível que uma empresa com 130,000 empregados tenha ido à falência em cinco anos, liquidada pela máquina fotográfica digital, inventada por um dos seus colaboradores.

A Transformação Digital passou a estar na ordem do dia e casos de sucesso de empresas incumbentes começaram a surgir. Das plataformas digitais aos comuns websites, passando pelas ferramentas 2.0, diversas empresas têm adotado de forma crescente esta jornada digital.

O termo *Digital Transformation* surge para caracterizar o processo de evolução e transformação das organizações, tirando partido das oportunidades criadas pelas profundas alterações sociais e tecnológicas (informação em tempo real, mobilidade, redes sociais, cloud computing, big data). Esta evolução mantém o foco principal na criação de valor, procurando tirar partido dos aceleradores de inovação para o aumento da sua rentabilidade e sustentabilidade na nova economia digital.

A pandemia acelerou esta necessidade de adaptação e ajuste a uma nova realidade cada vez mais digital, onde empresas e seus clientes têm caminhado para o maior afastamento físico, mas para uma maior aproximação digital.

Relembramos como a transformação digital tem impulsionado a mudança e vem representando um upgrade, de algo que já existia, mas que ainda não era totalmente explorado.

Atualmente são muitas as variáveis determinantes para alcançarmos as demandas exigidas por nossos Clientes, todas elas possuem três elementos comuns:

- A "centricidade" (centricity) em sua experiência;
- A velocidade pela qual as mudanças acontecem;
- A realidade digital em que vivemos, que aumenta exponencialmente a velocidade das transações.

Isto definitivamente nos trouxe, como realidade a massificação da customização, a experiência no lugar da experiência e isto, impacta a forma como nossos negócios se organizam para responder à estas demandas.

A economia de escala está dando lugar à massificação da customização (*Mass Customization* foi um termo criado por Joe Pine para identificar este movimento crescente de massificação da customização). O consumidor busca o seu produto, serviço, atendimento; aquilo que tenha sua cara e que o faça identificar-se com o que está comprando.

Ele aumentará a oportunidade de experimentar sensações diferentes, que vão além do desejo material, acessando tudo através de seus dispositivos digitais. Esta será a forma como cada vez mais o mercado irá ser regulado. A experiência do cliente/consumidor — passa a ser o nome do jogo, que sempre embalada pela disrupção que a transformação digital nos trouxe e proporcionou.

Essa mudança impõe fortemente a necessidade de adequação, ajuste, e nos força a passar por uma transição que trará impacto para as organizações na forma como elas devem se estruturar, produzir, entregar, e na maneira como as pessoas utilizam suas qualificações e, principalmente, como elas irão se comportar frente à estas mudanças.

A geração massiva de dados, coletados de forma segura e contínua, por uma rede que interliga e conecta equipamentos em tempo real com a demanda e a necessidade de usuários e consumidores, dá origem aos pilares que sustentam a I40. Uma vez coletados estes dados são analisados e fazem com que módulos de ação independentes conectados em tempo real façam os ajustes necessários, em todos os elementos que compõe a cadeia que está formada e sincronizada, para entregar o seu produto, o seu serviço. Desta forma, a demanda única e individual será atendida tornando, de fato, toda sua operação orientada para o Cliente, oferecendo serviço e produto customizados ao Mercado, acabando com a má prática do "empurra" o que temos para o Mercado. Certamente isto se transformará em uma revolução não só para o atendimento do nível de serviço, mas para o nível de satisfação e de encantamento que o Mercado terá para com o que você entrega a ele.

O Mundo será dominado por novos modelos de personalização e customização, forçando que sua tecnologia de informação, infraestrutura e funcionários se habilitem e qualifiquem a esta condição, mudando definitivamente a cultura e dinâmica do seu negócio, só podendo ser atendido de uma forma: através da transformação digital.

Com o passar dos anos, a complexidade para atender a demanda humana vem aumentando sendo que as diferentes revoluções industriais, que experimentamos até aqui, vieram no sentido de atender aos anseios que a sociedade nos colocou.

Foram reações que nos impulsionaram no sentido desta evolução!

Pelo fato de garantir uma disponibilidade real e contínua de dados, estando sempre CONECTADA, ser de fácil interação humano vs. máquina, assegurando através da COLABORAÇÃO uma interoperabilidade completa dos sistemas em um ambiente seguro para realizações de testes e protótipos, com INTELIGÊNCIA, oferecendo controle, otimização imediata e contínua sem a intervenção humana, a transformação digital define a realidade desta Quarta Revolução Industrial, atendendo as demandas criadas pelo mundo digital através da nossa nova forma de consumo, aquisição de bens e serviços.

No campo das estratégias digitais, ela acontece por vias diversas e sensibiliza diferentes aspectos do negócio. A concepção de um novo produto ou de um novo serviço, a adoção de novos modelos de produção, a abertura de novos mercados, ou a descoberta de novas fontes de matéria-prima, entre outros, dá-se pelo cuidado de permanecer relevante para clientes, parceiros e colaboradores. Porém, para celebrarmos a inovação como tal, precisamos vê-la materializada em vantagem competitiva, produzindo valor. De outra sorte, ganha apenas o contorno de experiência lúdica.

A maior conquista de qualquer negócio acontece na dimensão de seus clientes. É a partir da positiva experiência de quem usa o produto que decorre a sustentação e o crescimento das empresas.

Neste sentido, a transformação digital socializou as experiências dos clientes, por meio da imediata propagação de suas satisfações ou desapontamentos. A cada inovação inauguram-se novos humores, não somente entre os clientes, mas também entre os prospectos. Isto requer modelos que possam gerir as percepções de quem já se beneficia e de quem poderá se beneficiar de produtos ou serviços ofertados.

Durante a Pandemia, observámos que na maioria das atividades em que foi possível, a transição para o trabalho remoto ocorreu de forma rápida e mantendo a produtividade. (40% dos trabalhadores melhoraram suas habilidades digitais nesse período).

E hoje vemos um mundo diferente, mais digital, mais interativo e principalmente mais conectado com todos os desafios humanos e empresariais que isso acarreta, uma vez que os modelos de gestão ainda estão muito apegados à chamada 2ª revolução industrial, ou modelo taylorista da gestão estão ainda bastante presentes na nossa realidade.

Neste livro vai encontrar conceitos, recomendações e formas de conseguir navegar pela atual complexidade da gestão de forma bem pedagógica e clara, permitindo a reflexão sobre como adotar a transformação digital de forma consistente em sua empresa.

As colocações e reflexões são de extrema importância para aqueles que, como eu, querem estam atentos sobre a realidade atual e preparados para o futuro que está à porta.

SUMÁRIO

1
SER EMPREENDEDOR, GESTOR E EMPRESÁRIO NUM MUNDO DIGITAL

Ser empresário é mais perigoso do que praticar desportos radicais

Que o mundo é cada vez mais digital, ninguém tem dúvidas. Que os nossos negócios também o são, também ninguém tem dúvidas. Apenas nós, humanos, continuamos seres analógicos de carne e osso e a procura da simbiose não é fácil nem rápida.

Este mundo cada vez mais digital traz consigo oportunidades e desafios diferentes e nem todos são melhores para os empreendedores. No mundo de hoje, ser empreendedor e depois gestor e, finalmente para alguns (os mais radicais), empresário é mais perigoso do que praticar desportos radicais. É como saltar de um avião sem paraquedas e esperar apanhar boleia pelo caminho. Se considerarmos isso demasiado radical, vamos então dizer que saltamos do avião, precisamos do paraquedas de reserva e também esse não abre.

A verdade é que o mundo nestes últimos 50 anos tem vivido tensões elevadas, desde a guerra fria à mais recente tensão com o crescimento geopolítico da China. Por exemplo, a história brasileira está recheada de crescentes episódios desafiantes políticos e militares nas últimas décadas, passando por governos militares e autocráticos a governos instáveis até a mudanças entre pólos políticos díspares, como será após as recentes eleições de 2022. Neste caso, com uma divisão profunda de visões das formas de atuar social e economicamente no país, com tudo o que tem sempre de bom e de menos bom o crescimento por "tentativa e erro" e aproximações sucessivas.

Vários são os países que cresceram com modelos similares, como foram os vários países do leste da Europa, mas outros também que passaram de regimes mais democráticos para regimes mais autoritários ou democracias muito instáveis, como a Venezuela e alguns países africanos.

No Brasil, a título de exemplo, não tem sido um caminho fácil, com transições do regime militar para governos civis, de hiper-inflações a desvalorizações de moedas, de impeachments a processos de corrupção governamental, de integração no grupo G20 (grupo das 20 maiores economias mundiais) e no Mercosul a fortes desigualdades sociais. É de facto muita coisa para tão pouco tempo.

No meio de tudo isto, os empreendedores e os pequenos e médios empresários, a suposta base da economia deste país, lançados num mundo em mudança, tentam criar riqueza e emprego, sôfregos de estabilidade, enfrentando ainda as alterações e limitações fiscais, legais e laborais que criam incerteza, desigualdades e angústias a cada orçamento de estado.

Nos últimos 50 anos, muito se tem escrito, debatido e promovido sobre empreendedorismo. Às vezes pensamos que já pouco mais há para dizer sobre o assunto, tantas são as teorias sobre o mesmo, mas há, no entanto, no Brasil, um exemplo paradigmático nesta matéria, a SEBRAE — Serviço Brasileiro de Apoio às Micro e Pequenas Empresas.

A SEBRAE deu os primeiros passos em 1972, ainda sobre um modelo do Governo Federal quando um grupo de empreendedores ainda a despontar para a atividade empresarial decidiu reunir-se em torno da chamada Ala dos Jovens

Empresários. Este grupo fundador avançou para uma verdadeira associação, na esperança de assim poder defender cabalmente os anseios do empresariado jovem e a ANJE nasceu formalmente a 29 de julho de 1986.

A mudança de uma mentalidade demora décadas e não se faz por lei ou diploma normativo. Incentivar a criação do próprio emprego, ainda mais.

A verdade é que empreender não é uma profissão, é uma atitude de vida. É olhar para as coisas e não as aceitar como nos são apresentadas, mas sim questionar e perguntar a nós próprios "porque não?". Empreender é, assim, acusar o incómodo e reagir à inação, promovendo e fazendo algo de novo que acrescente ou pretenda a mudança.

Empreender é muito mais do que só constituir uma empresa ou dedicar fundos a um ativo tangível. Tão-pouco é assumir um cargo, ainda que associado a uma iniciativa de liderança. É, sim, fazer escolhas e empenharmo-nos para que aquilo em que realmente acreditamos possa ser atingido, ou concretizado.

Ser empreendedor é ser um "resolvedor" de problemas e ser capaz de se superar diariamente. Como nos disse um amigo brasileiro certa vez: "empreender é para todo o mundo, mas não é para qualquer um".

O empreendedorismo, por sua via, pode existir em todas as áreas e sectores de atividade, não unicamente nos fundadores de empresas. Sempre que tomamos uma decisão, mais ou menos importante, estamos a realizar um ato empreendedor, essa é a mais pura das verdades. Decidir é uma resolução, muitas vezes solitária, mas com impacto em terceiros e na realidade que nos rodeia.

O empreendedor deve ter também uma visão disruptiva relativamente à realidade: ele não se limita a imaginar, cria! É capaz de criar uma empresa pelo mérito do seu virtuosismo criativo e apaixonante. No entanto, para que essa empresa cresça e se mantenha no mercado são necessárias outras características e competências que, muitas vezes, não habitam dentro do mesmo ser humano, tal como a paciência, o pensamento estratégico, o espírito eminentemente analítico, a capacidade de planear e executar, entre outras. Daí a importância de um empreendedor, que também pode ser empresário, mas não possui a competência e apetência para isso.

Hoje ninguém empreende sozinho! Uma boa empresa é formada a partir de uma boa equipa de pessoas, que, regra geral, constituem o seu principal ativo produtivo.

Um empreendedor deve, também, saber exercer a liderança. Em qualquer empresa — seu empreendimento —, ele precisará de motivar e inspirar os seus colegas, sejam eles outros sócios empreendedores ou funcionários contratados.

O empreendedor não emerge como um chefe, mas como um líder. A chefia resulta da legitimidade de uma autoridade, por regra, obtida por via formal e hierárquica, mas a liderança do empreendedor resulta da visão, da ambição e da criação do próprio empreendedor. A este nível, Jim Collins, no seu livro *Good to Great* (Collins, 2001), reflete precisamente a importância dos líderes na sustentabilidade das organizações não apenas no curto prazo, mas, acima de tudo, a médio e longo prazo. Como analisa Jim Collins, um líder de nível 5 (o topo máximo de liderança) é marcado pela humildade e determinação, características essenciais para o sucesso de empreender, pois ao criar projetos e empresas é fundamental ser humilde para aprender com outros e determinado para garantir o foco nos objetivos. Também Ken Blanchard, autor do *best-seller Gestor Minuto* e um dos consultores mais reputados nestas áreas de liderança, no seu livro *Um nível superior de Liderança* (Blanchard, 2018), reforça precisamente a importância da liderança pelo exemplo, que se traduz também no já identificado por Jim Collins, ou seja, um líder eficiente tem como prioridade ajudar as suas equipas a produzir bons resultados, nomeadamente garantindo que todos sabem quais são os seus objetivos (determinação) e fazendo tudo o que for possível para apoiar, estimular e treiná-los para cumprirem essas metas (humildade).

Existem pessoas com um talento nato para liderar, enquanto outras podem sentir-se desconfortáveis com esse papel. Mas, assim como outras capacidades ou habilidades, a liderança é algo que pode e deve ser desenvolvido com treino e prática. Ninguém nasce líder. Pode nascer com carisma, mas a liderança e a arte da persuasão também se aprendem e o mundo digital tem bastantes ferramentas disponíveis para apoiar no desenvolvimento pessoal de competências. Como Amy Cuddy, na sua apresentação sobre ações comportamentais na Conferência TED (TED, 2012), refere: "Pequenos ajustes podem conduzir a grandes mudanças".

Empreender é aprender algo novo a cada dia e, para ter um perfil de empreendedor, além da curiosidade com o desconhecido, é necessária humildade para aprender continuamente. Nunca deve estar satisfeito com os seus conhecimentos na área de atuação do seu negócio. É preciso investir continuamente uma parte do seu tempo em cursos e formações, na sua própria superação, mesmo em áreas que não tenham a ver diretamente com a sua atividade.

Também o foco é uma habilidade fundamental para o empreendedor de sucesso. Ter foco significa não se perder na amplitude de possibilidades e concentrar-se naquilo que vai trazer mais valor para o negócio, naquele momento.

Todos os dias, um empreendedor será confrontado com inúmeras opções, tentações e escolhas. Algumas delas podem tirá-lo totalmente do seu foco, como uma oportunidade de emprego estável, por exemplo. Seguir o caminho inicialmente traçado pode ser um grande desafio.

Uma nota final neste particular: nem todos os empreendedores conseguem ter disponibilidade para se dedicarem exclusivamente ao seu sonho. Foco não é o mesmo que dedicação exclusiva. Além de tempo para a família, ter *hobbies*, praticar desporto ou diversificar interesses pode ser fundamental para que o foco esteja voltado para o empreendimento em construção, mas com tempo para "desligar" — algo que se torna mais difícil quando o digital avança.

Aumentar a produtividade: mais do que uma necessidade, uma obrigação

Algo que caracteriza os portugueses e as suas empresas é a necessidade de serem mais eficientes. Os elevados custos administrativos, seja por questões fiscais/legais seja por circuitos documentais duplicados ou mal desenhados, tiram produtividade e rentabilidade.

Um projeto de transformação digital é, acima de tudo, um conjunto de desejos, melhores resultados com menos recursos e de forma mais rápida. Numa palavra: produtividade.

É a mudança deste paradigma que coloca as empresas em alerta para uma das mais importantes *buzz words* da atualidade — a transformação digital — porque os processos de negócio estão no meio e podem ser parte de um processo de transformação digital.

Serão suficientes estes argumentos para convencer as empresas a realizarem este tipo de projetos? O que impulsiona as empresas a investir neste tipo de tecnologia e quais são as oportunidades abertas para o mercado, ou necessidades de cumprimento fiscal e legal?

A verdade é que não parece existir outro caminho. Atualmente, tornou-se claro que as empresas com maior probabilidade de sobrevivência são aquelas que melhor e mais rapidamente se adaptam às mudanças e este é o século de todos os desafios para os empresários. Eis mais este: é urgente colocarem as suas empresas na era digital, seja qual for o produto ou serviço que comercializam.

Não se trata de uma opção, mas sim, para a larga maioria dos sectores e áreas de negócio, de uma inelutável consequência dos desafios da realidade. E mesmo para aqueles negócios cuja essência passe por atividades marcadamente físicas ou corporais, o digital será sempre, pelo menos, a mais eficaz, económica e direta forma de os poder comunicar à distância ou no tempo.

A componente da transformação digital que aqui estamos a analisar passa por compreender como pode ficar mais eficiente a mudança na gestão dos processos de suporte e de negócio da organização, utilizando, de forma equilibrada, a tecnologia e assim garantir resultados mais fiáveis, seja em termos operacionais, estratégicos, fiscais, legais ou de *compliance*.

A transformação digital pode ser uma mudança estrutural nas organizações, por vezes disruptiva, porque envolve pessoas e processos, onde as Tecnologias de Informação (TI) desempenham um papel fundamental na criação da aceleração das atividades empresariais (Collins & Porras, 2004).

Tal como a construção de uma casa não começa pelo telhado, as empresas devem começar por organizar as suas atividades *core* ou de suporte em processos de negócio, *workflows*, para garantir o controlo dos dados (sejam documentos, registos de clientes ou outros) e, dessa forma, mitigar riscos e potenciar informação de gestão em tempo útil à tomada de decisão.

Processos escritos em papel ou na *intranet* servem para acompanhar e regular a atividade da empresa. Quanto melhor descreverem a atividade, maior será a sua eficácia e eficiência.

Esta é uma atividade que nenhuma organização pode ignorar. Controlar os processos de negócio de suporte às suas atividades é não apenas uma frequente obrigação legal e fiscal, mas também uma relevante necessidade contratual, em particular no que respeita à recolha e evidência de elementos de prova.

É fundamental reforçar que a transformação digital não é unicamente uma mudança tecnológica, ainda que constitua um importante pilar: vai muito mais além, seja na infraestrutura, organização, liderança e num foco renovado na completa experiência dos seus clientes, recursos humanos e fornecedores. Como se pode imaginar, as novidades tecnológicas não devem desvalorizar as necessidades de preparação, comunicação e formação de pessoas. Este livro procura dar esse suporte e servir de apoio a gestores empresariais para tornarem as suas organizações mais competitivas, identificando algumas das variáveis e propondo uma metodologia de implementação transversal à Transformação Digital das empresas.

Gestor Futuro: Transformação Digital da Cadeia de Valor de Porter

Há dois princípios fundamentais na gestão e que são essenciais compreender. São as respostas às perguntas "Para que servem as empresas?" e "O que é gerir?". Estas duas questões têm respostas simples e pragmáticas: "As empresas servem para criar valor, num quadro geral do seu ecossistema, e para ganhar dinheiro, num quadro específico aos seus investidores" e "Gerir é medir".

Estas respostas acompanham a gestão empresarial desde sempre, pois uma tem subjacente a razão de devolver o retorno ao investidor da empresa e a outra tem subjacente o retorno aos restantes *stakeholders* da empresa.

Só com medição conseguiremos garantir uma potencial sustentabilidade futura nos vários indicadores de desempenho, quer sejam indicadores de eficácia (relacionados com cumprir objetivos com sucesso, por exemplo, as vendas ou satisfação de clientes) quer sejam indicadores de eficiência (e.g. redução de custos) ou de efetividade.

Hoje vivemos num mundo onde os mecanismos de garantia de eficiência e de criação de novos modelos de eficácia se estão a transformar a velocidades nunca antes vistas, com impacto direto na transformação da conhecida Cadeia de Valor de Michael Porter (Michael E. Porter, 1980). A transformação desta Cadeia de Valor, conforme detalhado no Capítulo 5 deste livro, surge com o aparecimento de uma nova atividade *core*: a atividade "Digital e Sistemas de Informação", a qual não se pode confundir com a atividade de suporte de Tecnologias de Informação.

É neste mundo de transformação da Cadeia de Valor que o conhecimento de Sistemas de Informação (conjunto de Pessoas, Processos e Tecnologia), por parte do gestor e decisor da empresa, é fundamental. As valências que nos anos 80 e 90 eram muito baseadas em competências técnicas de pura gestão e que no início do século XXI se estenderam para uma necessidade de compreensão mais apurada de *soft skills* e desenvolvimento organizacional, agora, têm obrigatoriamente de ser alargadas com conhecimentos claros de Sistemas de Informação. Isto é, como é que o *Digital Business* pode integrar e potenciar o negócio tradicional com a efetiva medição integral de processos e de indicadores, com a vantagem de não ser de forma intrusiva ao funcionamento operacional da empresa e com capacidades fortemente analíticas na descoberta de factos que não são "visíveis a olho humano".

A compreensão das variáveis deste processo, por parte dos gestores, ainda não ensinada hoje em muitas universidades, será certamente uma vantagem competitiva individual e das empresas onde trabalham. É esta a atual competência fundamental do Gestor Futuro: compreender o que é e como fazer uma Estratégia de Sistemas de Informação e Transformação Digital. Caso existam dúvidas, analisem-se quais são as atuais maiores empresas do mundo? Todas elas são empresas de base tecnológica, geridas por gestores com fortes competências tecnológicas.

E saber Estratégia de Transformação Digital não é fazer Estratégia por informáticos e para informáticos, pois quem lidera as empresas, e continuará a liderar, é o negócio e não a tecnologia. Mas, é preciso saber fazer...

A liderança tem de se mostrar, apontar o caminho e dar a visibilidade que todos precisam para que seja seguida e que nos dá reputação e, como tal, mais rentabilidade. Tudo isto hoje está facilitado (ou não) pela tecnologia.

As pessoas sempre esperaram que os seus líderes fornecessem as respostas aos desafios. Contudo, a base de equipas é fundamental para essas respostas, onde os líderes com base nos dados disponíveis têm os elementos capazes de tomar decisões. Decisões são diferentes de respostas. Por exemplo, nos tempos da pandemia derivada da covid-19, as respostas estavam naturalmente na ciência e as lideranças nacionais tomaram decisões. Decisões essas que foram diferentes de país para país, traduzindo-se no reflexo futuro de quem terá vantagens competitivas. O tempo dirá quem tomou as melhores decisões, tendo por base os mesmos dados científicos disponíveis.

A geração X, que está agora na liderança das empresas, assenta a sua liderança no primado de que "conhecimento é poder", bem presente pelo cunho de Francis Bacon em 1597, induzido ao longo de séculos nos ensinamentos humanos. Era assim que se subia a "escada da hierarquia" nas empresas. Uma vez no topo da escada, todos esperam que o líder tenha todas as respostas e tudo resolva.

Este é, no mundo atual, um pensamento cada vez mais bizarro (García, 2001), porque estes líderes estão reféns de um mundo cada vez mais volátil e, ainda, enclausurados na sua própria educação, entre outros fatores. Como pode alguém saber todas as respostas?

Desde há 20 anos que a informação está disponível na Internet, sendo um ativo de fácil acesso e sem custo. Chegamos assim a um novo paradigma da liderança, *SenseMaking*, identificado por Daniel Katz e Robert Kahn, em 1966, no seu livro *The Social Psychology of Organizations* (Katz & Kahn, 1978).

SenseMaking é o processo no qual um grupo de pessoas reúne e partilha o conhecimento. É o que precisamos no mundo atual, onde tudo o que aprendemos temos de abandonar. As escolhas não podem ser efetuadas somente com base no passado (conhecimento) e no *know-how*, carecem de processos de melhoria contínua e de introdução de novas técnicas e comportamentos evolutivos.

É o líder quem deve reunir o melhor conhecimento, mas de uma forma coletiva, através dos vários interlocutores da sua equipa de gestão.

O modelo a construir para um gestor futuro é conseguir criar um modelo organizacional de partilha sem luta de egos, mas com uma partilha em prol de resultados. São estes modelos de equipas que melhor se adaptarão, uma vez que criam de forma contínua novo conhecimento, por partilha. Em termos práticos, o gestor futuro cria equipas eficazes e eficientes, que crescem em redes de conhecimento contínuo.

2
AMBIÇÃO E ONDE SE PODE CHEGAR

O futuro digital tem de ser essencialmente "humano"
Onde é que a ambição do ser humano nos pode levar nos próximos anos?

A verdade é que, hoje em dia, o discurso mais fácil é dizer que as coisas não estão fáceis, que tudo é uma dificuldade e que não temos possibilidades de mudar, aceitando o destino que se nos apresenta como definitivo. Nada mais errado. Façamos uma retrospetiva, por exemplo, do quanto evoluímos desde a era paleolítica até aos dias de hoje. A única constante que conhecemos na vida, seja pessoal, social ou profissional, é a mudança e com ela a nossa ambição de fazer mais com menos e de ter uma vida melhor.

Se tiver dúvidas, pensemos em conjunto: como seria a vida no Paleolítico? É para isso que a história serve. Para nos permitir fazer exercícios sobre como foram ultrapassados desafios, para melhor compreendermos o presente e, sobretudo, prepararmos o futuro, evitando ou não os mesmos erros, isto é, fazendo de forma distinta, ou seja, inovando.

Neste caso, vamos começar com a presença do *homo sapiens* no planeta que só tem 50 mil anos (Smithsonian Natural Museum of Natural History, 2021). Devemos fazê-lo porque a análise e conhecimento da história nos ajuda a não cometer erros no presente, chama-se a isso aprendizagem.

Começando a contar a nossa história, temos, desde logo, de registar que nos primeiros 48 mil anos de presença do *homo sapiens* a evolução foi mesmo muito lenta. Apenas acelerou quando deixámos de ser recolectores e de uma forma decisiva quando, há 500 anos (Descobrimentos), nos lançámos à descoberta do planeta em pequenas caravelas, empurrados pela ciência, vontade e curiosidade.

Com a massificação do comércio internacional e a partilha de conhecimentos e experiências entre os países, foram testados e introduzidos novos processos de cultivo e fabrico, quando chegámos assim a um dos períodos mais vibrantes e pujantes da história da humanidade. Foi no período que se iniciou em 1760, e depois decisivamente entre 1820 e 1840, que vivemos uma época conhecida como a Revolução Industrial (Stearns, 2012). A revolução teve início na Inglaterra e em poucas décadas espalhou-se para a Europa Ocidental e os Estados Unidos.

Esta transformação económica e social assentou na transição de métodos de produção artesanais para a produção por máquinas, a fabricação de novos produtos químicos, novos processos de produção de ferro, maior eficiência no aproveitamento da energia da água, o uso crescente da energia a vapor e o desenvolvimento das máquinas-ferramentas, além da substituição da madeira e de outros biocombustíveis pelo carvão.

Desde 1840 até à atualidade, com a exceção da crise de 1929 (Grande Depressão nos EUA) e das duas guerras mundiais, todas as curvas de crescimento são exponenciais — a população, a economia, a ciência, a saúde — tudo se desenvolve como se de um *tsunami* se tratasse (American Museum of Natural History, 2016).

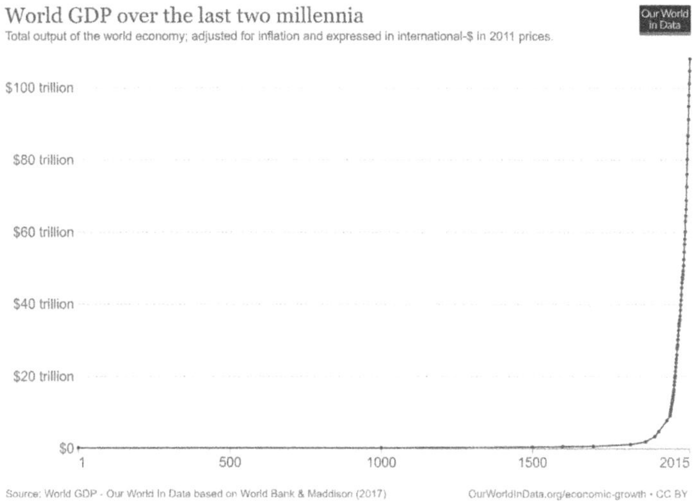

Figura 1: Crescimento Mundial do PIB — Produto Interno Bruto (Roser, 2013)

Todos os aspectos da vida social da época foram influenciados, de alguma forma, por este processo. A população mundial experimentou um crescimento sustentado sem precedentes históricos.

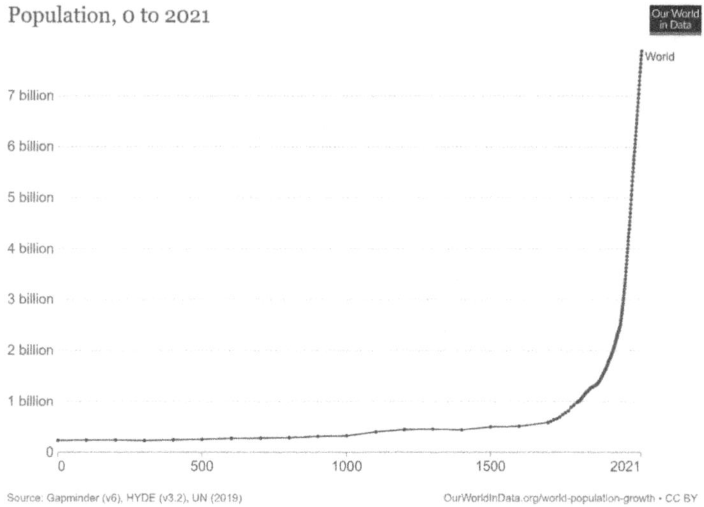

Figura 2: Crescimento de População Mundial
(Roser, Ritchie et al., 2013)

Assim, a principal constante, que aprendemos com a história, que conhecemos na vida, nas nossas vidas pessoais, sociais e profissionais, é uma profunda ambição pela mudança. Uma mudança que pode ser casuística, mas que tem criado evoluções de crescimento geral e de ambição pela sustentabilidade dos povos para uma maior qualidade de vida. Nem sempre alcançados de forma equilibrada, mas certamente progressiva, como se pode traduzir também no crescimento da medida da esperança de vida de cada ser humano.

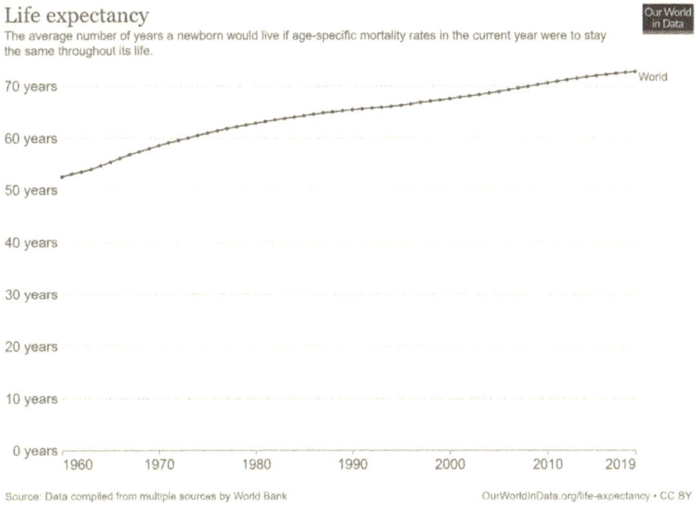

Figura 3: Evolução da média de esperança de vida no mundo (Roser, Ortiz-Ospina et al., 2013)

O digital entrou nas nossas vidas e na das empresas

"A única coisa que não muda é a mudança" — Heráclito de Éfeso (540 a.C.–475 a.C.)

Nos negócios estamos em constante transformação. Muitos dogmas, profissões e perceções que faziam sentido no passado, hoje, tornaram-se obsoletas. A nossa visão de mundo atual será, necessariamente, diferente no futuro. Gostos que se alteram, desejos que se intensificam, hábitos que surgem ou se transformam e talentos que aparecem ou que são aprimorados. No fundo, estamos perante relações sociais, laborais e pessoais que se fortalecem e se transformam por motivo das mudanças e outras que não se sustentam resultado do desenvolvimento e constante mudança do mundo.

Platão tinha razão: a necessidade é mesmo a mãe de toda a invenção. E, de facto, a necessidade traz o interesse que nos move.

Parece que é muito evidente que já não há volta a dar: a grande aceleração no uso de tecnologia, a digitalização e as novas formas de trabalho são o futuro imediato, é o presente. Longe vão os tempos em que foi necessária uma década, ou mais, para que as tecnologias disruptivas se transformassem em fatores de produtividade. Fruto dos tempos, as empresas tiveram de se esforçar significativamente para instalar ou adaptar novas tecnologias, sob imensa pressão. E a maior parte conseguiu. A maior parte percebeu, atempadamente, que a melhor vacina para a sua organização era dar este salto.

Dito isto, chegamos ao momento atual, onde, inexoravelmente, o "digital" faz parte das nossas vidas, quer profissionais quer sociais. O "digital" não é mais que a interação que temos atualmente com (quase) tudo o que conhecemos, pois ou temos o nosso *smartphone* com a aplicação do banco e já não vamos à agência física, ou temos a nossa *smartTV* e conseguimos gravar programas ou encomendar *pizzas*, ou temos a subscrição de um canal de *streaming* de TV e escolhemos os nossos filmes preferidos, ou fazemos *check-in* nos hospitais, aviões e comboios usando o sítio da Internet ou a aplicação móvel, ou até falamos com equipamentos como a Amazon Alexa e encomendamos as compras da mercearia, entre outras potencialidades que tornaram mais prático e ágil o nosso dia. Sentimos que aquilo que há 10, 20 ou 30 anos demorava dias ou horas passou a estar disponível à distância de um clique e a ficar apto e disponível em minutos ou segundos, mesmo que o queiramos fazer às 3h da manhã, porque "tudo" passou a estar aberto 24h por dia. O digital está aí, forte, consistente, acessível, mas, ao mesmo tempo, com riscos novos, muitos deles ainda desconhecidos da generalidade das pessoas.

Nas empresas, negócio e digital já podem ser considerados sinónimos, tendo em conta que "tudo o que mexe" tem algo de digital, e nas relações com o Estado, a Transição Digital é um dos seis eixos de desenvolvimento do documento estratégico — Estratégia de Governo Digital 2020-2022 — que o governo brasileiro havia definido para o conjunto de ações fundamentais da transformação do Governo para o Digital. Conforme é referido, é claro e evidente a importância do papel das pessoas na mudança, em particular com a clara afirmação: "O digital não mudará o Brasil. O digital ajudará as pessoas, e estas mudarão o Brasil." (*Estratégia de Governo Digital 2020-2022*, 2020).

Cada vez mais, tal como o Governo, as empresas procuram incorporar as tecnologias mais recentes — muitas vezes de outros sectores — para alterar a experiência *end-to-end* junto dos seus clientes e colaboradores. As plataformas colaborativas ou a criação de *marketplaces* são exemplos disso mesmo.

Para um sucesso digitalmente responsável, as pessoas têm de ser a centralidade deste novo paradigma. Mais do que uma *transformação digital* dos negócios é necessária uma *transição digital* das nossas pessoas. Uma transição digital alavanca a transformação digital das empresas, uma vez que garante um impacto mais transversal de um ecossistema empresarial, onde toda uma comunidade melhora de forma contínua os seus processos de negócio, usando as tecnologias que estão disponíveis em cada momento. Isto será fundamental para que este novo paradigma permita que o ser humano continue a marcar a diferença e a liderar o processo de transição e transformação.

A transformação digital não é uma corrida de 100 metros. Acreditamos que todos os gestores empresariais ou gestores públicos já tenham entendido que não basta colocar um portal online, com uns formulários disponíveis, para assegurar interações com os clientes e cidadãos e tudo isso considerar-se como tendo a transformação digital finalizada.

Estamos perante um fenómeno muito mais profundo, , a necessidade de trazer também as pessoas (clientes, cidadãos e colaboradores) para este espaço digital. Estamos numa competição que é um campeonato interminável de maratonas, sendo fundamental entender que sem estratégia sobre o que se quer alcançar digitalmente e sem planeamento prático de como efetivamente realizar essa transformação, nem sequer sairemos da linha de partida. Sem isto, continuamos felizes porque ganhámos os primeiros 100 metros, mas quando olharmos para o lado, percebemos que os adversários provavelmente continuaram a corrida e de uma forma muito mais rápida e com metas mais avançadas, mais eficientes e vantagens competitivas acrescidas.

Nesta era da transformação digital, correr "apenas" já não é suficiente. Correr "apenas" serve para continuarmos no "mesmo sítio". Isto é, estamos unicamente a ser eficazes, garantindo que a empresa entrega os seus produtos ou serviços. Contudo, ficando no "mesmo sítio", perdemos competitividade e, com o tempo, eficácia. Pior... deixamos para trás qualquer eficiência alguma vez conquistada.

O importante é saber correr mais e melhor, envolvendo também as pessoas: mais para sermos mais eficazes com a criação de novos modelos de negócio; melhor para sermos mais eficientes e com isso garantir o menor esforço/custo dos processos e satisfação de todas as pessoas e *stakeholders*/intervenientes da organização.

Esta maratona é uma prova de resistência física e mental, com muitos altos e baixos, mas com um fim determinado. E, tal requer muitas mudanças de hábitos (treinos constantes de pequenas novas evoluções e exigências). Uma transformação empresarial... é um conjunto de maratonas: muitas alterações culturais e organizacionais, ultrapassando as naturais resistências à mudança.

A ética e a literacia digital

Para um sucesso digitalmente responsável, as pessoas têm de ser a centralidade deste novo paradigma, pois como Gary Hamel e Michele Zanini afirmam, no seu *bestseller Humanocracy*[3], devemos retirar o máximo de burocracia das organizações e potenciar a todos os elementos de uma equipa a capacidade de aprender, crescer e contribuir (Hamel e Zanini, 2020). **Mais do que uma transformação digital dos negócios é necessária uma transição digital das nossas pessoas.** Isto será fundamental para que este novo paradigma permita que o ser humano continue a marcar a diferença e a liderar o processo de transição.

Nesta matéria, **urge aumentar a literacia digital**, isto é algo que acontece, como se pode constatar no relatório Digital 2022. No Brasil destaca-se os crescimentos em 2022, na ótica do utilizador, mais concretamente com os seguintes dados: há mais 5.3 milhões de utilizadores de Internet, no total são 165.3 milhões de internautas; cada brasileiro passou cerca de 10h19m na Internet por dia (média), sendo que certamente o confinamento contribuiu decisivamente para tal; cerca de 59,7% dos internautas compraram um produto online; cada utilizador gastou, em média, cerca de $349 em transações digitais em 2021(*Digital 2022*, 2022).

Estará esta **transição digital** isenta de riscos? Será este novo mundo perfeito? Não e não!

Os perigos de não abraçar corretamente esta transição são muitos, reais e unicamente debatidos em pequenos fóruns, tal é o deslumbramento a que assistimos. Assim, deixamos aqui alguns exemplos para reflexão.

Já pensaram nos riscos para os direitos individuais, liberdades e garantias que arduamente foram sendo conquistados no mundo "físico", em particular desde o final do século XIX?

[3] *Humanocracia*, Actual Editora, 2021, na versão portuguesa.

Os exemplos são fáceis e abundantes, a saber, a videovigilância; o reconhecimento facial com os erros que podem induzir por causa dos algoritmos associados; a condução autónoma — pensem em dois carros que, para evitar um acidente com um terceiro, só tem como solução: um dos seus ocupantes morrer! Vamos deixar esta decisão nas mãos de um programador?

Não podem ser as pessoas *da* tecnologia a decidir. Contam-se até histórias de jovens programadores que dizem: paguem o que quero e eu programo o que pedem!

Existem mais de 20 milhões de trabalhadores das tecnologias da informação e comunicação na Europa, pelo que urge formá-los nas questões da ética e moral. Temos de ser todos nós, a sociedade civil, a puxar este tipo de problemas e procurar soluções, influenciando para que haja uma base de alinhamento pelos princípios fundamentais das Nações Unidas, aquando da sua criação em 1945, e da Declaração Universal dos Direitos Humanos de 1948 (United Nations, 2021).

Em sentido inverso, há o exemplo do escândalo da *Cambridge Analytica*, que aconteceu porque as pessoas das ciências sociais perceberam que podiam usar a tecnologia em seu favor. E o caso da suspensão da conta de Twitter de Donald Trump. Até que ponto podem ou devem as empresas influenciar totalmente os pensamentos dos cidadãos, ou até que ponto plataformas sociais podem definir qual a linha que separa o correto do incorreto? Não deveriam ser os tribunais ou a sociedade civil?

No mundo físico lutámos por direitos, deveres e liberdades, agora corremos o risco de deitar tudo a perder no mundo digital. Há aqui uma obrigação moral e ética, por respeito aos nossos filhos, de envolver todos nesta missão, garantir que o mundo digital nos serve em vez de se servir de nós.

A pandemia mostrou que há um fosso e pobreza digital nas pessoas, empresas e países. Todos nós temos de colocar em discussão pública estes temas disruptivos, sob pena de hipotecar a oportunidade de melhorar o futuro das novas gerações.

Acreditamos que o coronavírus funcionou (ou funciona) como uma espécie de "acelerador do futuro". Ou seja, a pandemia veio antecipar mudanças que já estavam em curso, como o trabalho remoto, a educação à distância, a procura da sustentabilidade e a transformação digital.

Os consumidores ganharam confiança acrescida e as compras online já fazem parte da rotina de muitas pessoas. Aliás, durante este período, o crescimento das vendas online foi exponencial e foram percetíveis as suas inúmeras vantagens.

A verdade é que qualquer trabalho pressupõe hoje um dispositivo digital de interação e gestão do processo. Analogamente, podemos dizer que, antes do século XIX, a enxada era um dispositivo também ele tecnológico. Tal como ensinámos a cavar com uma enxada na mão, importa fazer a transição digital da população para uma nova era de relações e de produção, garantindo uma base ética de quem produz os "terrenos" de produção e transação.

Onde queremos chegar?

Naturalmente, deve assumir-se que a ambição é individual e de grupo. Tal como podemos pretender ser os melhores do bairro ou do mundo. Casos como os de Elon Musk, Jeff Bezzos ou Steve Jobs são exemplos internacionais, mas no Brasil também temos exemplos de visionários capazes de criar empresas que se tornaram unicórnios mundiais e que não se ficaram pelo "bairro": Cristina Junqueira (Nubank), Mariano Gomide (VTEX), Eric Santos (RD Station) ou Alberto Menache (Linx).

A ambição pode ser aquela que cada um quer para si e para os seus. Há quem se limite, ou se considere limitado nas suas capacidades. Há também o inverso, ou seja, há quem não tenha limites. Ou seja, a ambição deve ser à medida de cada um, quer se queira impor limites ou não.

O mundo digital trouxe-nos a capacidade de a fronteira da limitação (da ambição) poder estar à distância de um clique e poder ser do tamanho do mundo. Entrar em contacto com uma pessoa que não conhecemos, mas precisamos de conhecer, é hoje incomparavelmente mais fácil, seja ela um investidor, um cliente, um potencial parceiro ou fornecedor, ou meramente alguém que gostaríamos de conhecer. No entanto, é importante não esquecer exemplos como o do fabricante americano de chocolate Milton S. Hershey, quando colocou um cartaz no seu escritório, há mais de um século, com a seguinte frase: "o negócio é uma questão de serviço humano" (D'Antonio, 2007). Julgamos que ninguém questiona esta afirmação. Hershey foi um empreendedor que nunca desistiu da sua ambição de criar uma empresa de grande dimensão, criou uma vila para todos os colaboradores e, no final da sua vida, doou a orfanatos. Um exemplo de como o próprio mercado livre tem sido uma força social positiva, alimentando o crescimento económico que tem trazido avanços críticos na saúde, longevidade e na prosperidade geral em todo o mundo, como já referido. O mundo digital pode permitir dar continuidade a este mesmo conjunto de princípios, através de modelos distintos de atuação, mas com resultados e evoluções potencialmente mais rápidos.

O que precisamos para isso? Assegurar que as empresas, para operarem, além de gerarem lucro, necessitam de construir uma relação de confiança com todo o ecossistema e carecem de ter um propósito. Só assim poderão criar valor para os diversos *stakeholders*/intervenientes. Conforme verificamos no livro *Good to Great* de Jim Collins (Collins, 2001), estas são as bases essenciais para criar ambições de longo prazo, capazes não só de sobreviver, mas também de garantir que as empresas geram lucros e receitas, realizam investimentos contínuos capazes de assegurar o propósito e fomentam o crescimento do emprego e da sociedade em geral.

3
A PRÁTICA

Chegados a este ponto, como se diz no futebol, é preciso rematar à baliza e marcar golo.

Este guia, em formato livro, tem como desígnio maior, mais do que elencar expressões bonitas, contribuir para que os empresários e gestores analisem a realidade das suas organizações. Em particular, procuramos garantir que se criem as bases do que poderá ser um projeto de transformação digital na (sua) empresa, com a pretensão virtual de garantir a discussão e a metodologia do que poderá ser a necessidade de um realinhamento estratégico, um aumento de competitividade e uma perspetiva de sustentabilidade de médio e longo prazo num mundo empresarial global sem fronteiras.

Da Gestão à Tecnologia

O primeiro conceito importante a reter, e que qualquer gestor no seu dia-a-dia deve ter em mente, é que a gestão de empresas assenta em dois objetivos essenciais: eficácia e eficiência. Pretende-se ser mais eficaz, para garantir mais receitas, e ser mais eficiente, para garantir otimização de custos. Esta dupla máxima da gestão está, cada vez mais, na capacidade das empresas de conseguirem potenciar níveis de integração e de alinhamento entre as estratégias de sistemas de informação e estratégias de negócio.

Neste enquadramento, a primeira preocupação de um gestor ou de uma empresa deve ser entregar o que se comprometeu perante um cliente. Necessita de cumprir a expectativa de que no dia X, à hora Y, entrega o produto Z com a qualidade definida, independentemente do esforço realizado para o fazer. O fundamental, em primeiro lugar, é ser eficaz — é entregar! Em gíria futebolística diríamos "ganhar o jogo", nem que seja por "meio golo a zero", mas alcançando os três pontos da vitória. Isto é, a equipa foi eficaz! As áreas tecnológicas, a este nível, estão habituadas a entregar a versão 1.0. É disto que estamos a falar, quando é que esta primeira versão é entregue.

Só a seguir é que vem a eficiência, isto é, depois da versão 1.0 é que se passa para o trabalho de como otimizar o processo de construção e entrega do produto, de forma a reduzir o custo e esforço de entregar aquele produto ou serviço. Em termos práticos, a seguir desenvolve-se a versão 1.1 ou versão 1.2 ou seguintes. Voltando à gíria futebolística, é quando, depois de criar as condições para ganhar, se pretende garantir que o entrosamento da equipa pode almejar a que os jogadores da equipa consigam quase jogar de "olhos fechados", isto é, percebemos que a equipa ganha e nem necessita de ir ao balneário no final do jogo, pois não suou sequer.

Quais são os desafios para chegar a esse patamar? Saber o que medir e medir efetivamente. Só desta forma um gestor conseguirá garantir mais resultados, isto é, ser mais eficaz, e garantir a melhoria contínua dos seus processos, isto é, ser mais eficiente.

O segundo aspecto a clarificar — importante para tudo o que vamos adiante tratar — é que o conceito de Sistemas de Informação (SI) é diferente de Tecnologias de Informação (TI). Sistemas de Informação é o conjunto de três componentes: Pessoas, Processos e Tecnologias de Informação.

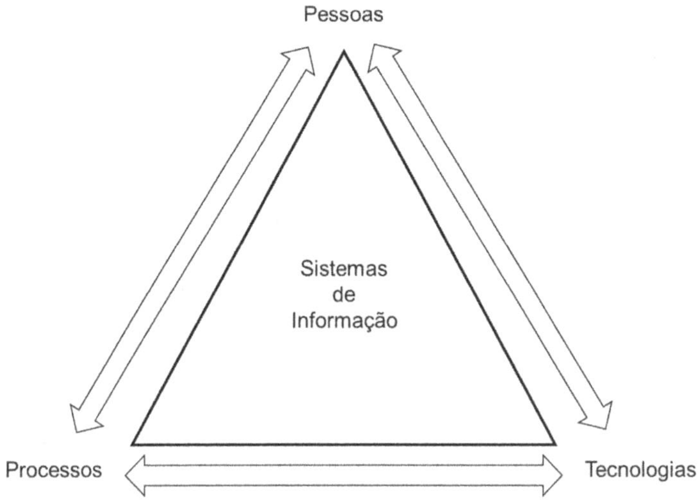

Figura 4: O Triângulo dos Sistemas de Informação

Ou seja, quando falamos de Tecnologias de Informação, estamos apenas a falar de uma das componentes dos SI. São as TI que nos potenciam claramente maiores níveis de eficiência dos processos, tal como nos permitem criar ganhos de eficácia, nomeadamente criando novos modelos de negócio.

Afinal o que é isso de Transformação Digital?

O Capítulo 4 do livro aprofundará este tema, mas, de forma simplificada, o que nos diz a prática? Na prática e frequentemente, temos por hábito confundir os conceitos de "digitalização" e de "transformação digital", uma vez que são usados como sinónimos. Desengane-se. São conceitos muito diferentes e se não os souber distinguir, estes podem induzi-lo em erro. Vejamos: a digitalização, para os colaboradores de uma organização, consiste em colocar os documentos num equipamento de multifunções e digitalizá-los para um formato, *tiff* ou *pdf*. Para outros, como num estudo desenvolvido por técnicos do Banco do Brasil, digitalização é assumidamente simples como a "criação de uma versão digital para algo físico" é entendida como o processo de integração progressiva das tecnologias digitais nas sociedades, com efeitos na vida quotidiana dos cidadãos e das empresas (SISBI, 2021). Em termos globais, podemos considerar que digitalização é a capacidade de interagir com sistemas baseados em tecnologia digital, não estando neste caso focados na vertente associada a processos ou pessoas em particular.

O que resulta da digitalização, e devemos reter, é que a economia digital já representava em 2019 cerca de 15% do PIB mundial, sendo uma importante alavanca do desenvolvimento económico, criando emprego, inovação e riqueza (United Nations Conference on Trade and Development, 2019). A pandemia da covid-19 acelerou, a partir de 2020, ainda mais esta tendência da economia digital, refletindo-se diretamente no crescimento do comércio eletrónico, e indiciou que começamos a estar efetivamente perante uma curva de crescimento exponencial no peso das transações digitais *versus* as compras globais, como é visível na imagem seguinte, representativa dos Estados Unidos:

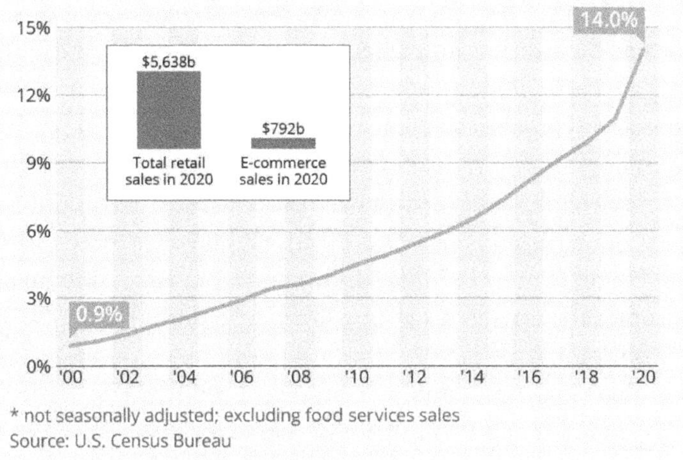

Figura 5: Vendas de comércio eletrónico nos EUA versus Total de comércio (Ritcher, 2021)

O Brasil teve também crescimentos similares, conforme alguns estudos realizados e dados disponibilizados pela Ebit Nielsen, em 2021, o valor de faturamento de ecommerce brasileiro representou R$182,7 bilhões, o que face ao ano anterior, representa um crescimento de 27% (Pagar.me, 2022).

A transformação digital que sentimos no dia-a-dia, seja ele pessoal, profissional ou social, será uma etapa adicional desta evolução da digitalização e do mundo de negócios digital. Consiste na análise dos processos de negócio e na sua alteração para os adaptar (retirando, modificando ou automatizando atividades) à realidade presente do negócio das organizações com a tecnologia atualmente disponível. Tal permitirá maiores níveis de eficácia e eficiência, aumentando-se dessa forma a produtividade e, consequentemente, a capacidade para potenciar os seus resultados e garantir a sustentabilidade da organização.

É um processo quase sempre disruptivo, no qual os sistemas de informação passam a ocupar um lugar central na organização. Podemos ir até mais longe e considerar os Sistemas de Informação como uma das atividades *core* da cadeia de valor das empresas, tendo em conta a importância estratégica e a relevância crítica para as atividades dos produtos e serviços realizados (Ribeiro, 2021). A famosa Cadeia de Valor de Porter (Porter & Millar, 1985) pode, por isso, também ela própria ter sofrido a sua transformação digital, como veremos no Capítulo 5.

Tal implica uma análise e mudança profunda dos processos, competências e modelos de negócio, com vista a obter o máximo proveito das oportunidades que oferecem as tecnologias digitais. Logicamente que, para pensarmos num processo de transformação digital, poderá passar-se por um processo de digitalização, mas, ao contrário da digitalização, a transformação digital aproveita-se da tecnologia para que os processos da empresa sejam dinâmicos e se possam adaptar a um mercado que se move a velocidades frequentemente alucinante.

Uma organização que abrace um processo de transformação digital, obrigatoriamente, envolve as pessoas, tendo em conta as alterações de métodos de trabalho diários, alavancando-as para a mudança. Nesse sentido, os seus dirigentes têm um papel importante a desempenhar: estimular os colaboradores para uma nova cultura com vista a adotarem novos métodos de trabalho, mais ágeis, menos hierárquicos e, acima de tudo, mais eficientes. É necessário motivar e conquistar as equipas. Pessoas e tecnologia têm de caminhar juntas nesta estratégia de mudança, onde negócio e digital devem ser já sinónimos.

De facto, vivemos tempos *suis generis,* disso ninguém tem dúvidas. Fruto disso mesmo, muitas organizações foram empurradas, por vezes "à força", para a transformação digital, uma vez que tiveram de repensar rapidamente na forma como organizam o seu trabalho. Ora, para evitar este risco, uma boa avaliação da tecnologia a usar, mais do que para a sua emancipação, pode ser decisiva para a "salvação" de muitas organizações.

Outro aspecto positivo nesta matéria é que estas tecnologias, hoje, têm já níveis elevados de maturidade e estão facilmente acessíveis, geralmente assentes em soluções *cloud*, *out of the box*, sem investimento, apenas pagando por uso e, muito mais importante, fiáveis e robustas como nunca foram.

No entanto, esta aparente facilidade de acesso pode colidir com o manancial de ferramentas disponíveis. Muitas vezes, as empresas não têm dentro de casa as competências necessárias para as avaliarem. Nesse sentido, é importante garantir assessorias de apoio de quem tenha experiências relevantes em vários sectores, em particular que tenha errado algumas vezes, mas acertado bastantes, para trazer consigo as experiências de quem tem o conhecimento do que fazer, por onde começar e, acima de tudo, da metodologia efetiva de fazer a transformação que se adeque ao seu ecossistema.

Chegados a este ponto, e voltando à gíria futebolística, já estamos na grande área, tendo o nosso avançado provocado um desequilíbrio na defesa adversária, sendo agora necessário que decida bem. Para tal, é preciso analisar todas as possibilidades para a bola ultrapassar o guarda-redes e entrar dentro da baliza.

Tal como uma empresa, será que o nosso avançado vai procurar marcar um golo bonito, com nota artística, ou vai ser eficiente, não correndo riscos, e, desta forma, procurar garantir uma percentagem de êxito superior? É também assim nas empresas. Serão as *start-ups* mais maduras digitalmente ou as empresas que estão no mercado há mais tempo e, portanto, com processos mais consolidados? Estas são questões base para a decisão do nosso "gestor-avançado".

Longe vão os tempos onde a inovação era toda analógica, onde aliando a mecânica à criatividade humana se produziam inovações que fizeram a humanidade avançar. A invenção da roda e da máquina a vapor são dois bons exemplos disso mesmo.

No mundo atual, onde negócio e digital são sinónimos, poderemos ser levados a pensar que apenas as organizações que inovem digitalmente serão as melhores e terão um desenvolvimento superior e, portanto, uma maior sustentabilidade.

Todos sabemos que a necessidade de mudança é uma tendência inevitável, seja pela exigência dos consumidores nas plataformas B2C (*business to consumer*) ou dos clientes nas B2B (*business to business*). Quem não inova perde competitividade.

Porém, ainda nem todas as empresas acreditam na implantação de ambientes digitalizados como vantagem competitiva no mercado, até porque existem processos de negócio onde isso pode nem fazer sentido ou onde a essência vai muito além do que simplesmente colocar tecnologia. Estamos a pensar em negócios de proximidade, onde o serviço ao cliente faz grande parte da diferença. Estamos a falar de simpatia, profissionalismo e bons produtos para vender. Mas até isso pode ser potenciado com transformação digital.

Por exemplo, de que serve a um restaurante ter uma forte presença nas redes sociais se não tem produto ou empregados competentes?

As empresas maduras digitalmente atingem o sucesso com o aumento da colaboração, sabendo dimensionar a inovação e reestruturando a abordagem em relação aos seus talentos.

Uma organização madura digitalmente não investe apenas em tecnologia para mudar a sua experiência do cliente, as suas operações e modelos de negócios. Deve, igualmente, encetar esforços na formação de capacidades de liderança e, com isso, alinhar a tecnologia com as estratégias de negócio e formação das pessoas. Recorde a definição de Sistemas de Informação: Pessoas + Processos + Tecnologia.

Será neste triângulo dourado que as empresas conseguirão responder adequadamente ao ambiente competitivo:

- os gestores preparados com conhecimentos práticos das tendências digitais para que a empresa se adapte de maneira correta ao contexto; e
- os colaboradores com formação adequada às suas funções e ao uso correto das tecnologias.

Porque só assim será possível adquirir a maturidade digital.

Em conclusão, as empresas inovadoras serão sempre mais maduras digitalmente, se perceberem que a mudança começa em nós, vem de dentro para fora, do ADN da empresa e não das imposições do mercado, embora com a necessidade de estar sempre atentos às suas tendências.

Tudo considerado, a nossa recomendação é que o "jogador avançado" decida pela solução que lhe dê mais garantias de conseguir o golo. A verdade é que o jogo ainda não acabou e boas oportunidades não podem ser desperdiçadas.

A Transformação Digital é um desafio recente, que se tornou possível pela maturidade tecnológica que assistimos, o que se traduz no acesso facilitado, "à distância de um clique", das plataformas tecnológicas referidas, as quais são capazes de transformar, como detalhado no Capítulo 5, a forma como as empresas fazem o seu f(x) de entrega dos seus produtos e serviços.

Em jeito de conclusão deste capítulo, a Transformação Digital permite-nos garantir a máxima "gerir é medir", dado que tudo na tecnologia é um sensor. Um sensor que, por sua vez, produz dados, que se transformam em informação e esta em conhecimento. Desta forma, é possível entender onde poderemos tornar a empresa mais eficiente e eficaz. A realidade é que a Transformação Digital no seu ponto ótimo consegue fazer tudo isto em tempo real e alcançar o topo da pirâmide do conhecimento que é a sabedoria.

Saber transformar digitalmente uma empresa não é ainda para todos, mas estamos certos de que aqueles que o souberem fazer e mudarem os seus processos são aqueles que sobreviverão nesta evolução da espécie "empresa".

4
TRANSFORMAÇÃO DIGITAL — O QUE É E O QUE NÃO É

Antes de mais, explicar o que não é

Vivemos numa época onde o *soundbyte* guia muito do que se diz e do que se faz, ficando a sustentação temática, muitas vezes, para trás. Nestes últimos anos, temos assistido a uma pressão no mercado empresarial sobre o uso das palavras "Transformação Digital" em tudo o que interaja com tecnologias. É bom, desde logo, clarificar que não é um conceito novo, mas que ganhou recentemente um grande *hype* de marketing e comunicação, pela pressão de se garantir agilidade, resultante da cada vez maior competitividade empresarial.

Até aqui tudo bem... O problema está no facto de se usar erradamente o conceito "Transformação Digital" em projetos onde simplesmente se desmaterializa "papel", mantendo-se todo o processo existente. Por isso, há que clarificar que muitos dos projetos são de "Transformação do Papel em Digital" e não transformação da empresa, uma vez que quem lidera esses projetos, ou quem os patrocina, está resistente a alterações de processos existentes.

Para um negócio tradicional, não é fácil ultrapassar as barreiras da estrutura orgânica existente, nem do "sempre se fez assim" ou do quero é "uma base de dados" para guardar o que estava em papel!

Qual o resultado da adoção da implementação de projetos de "Transformação do Papel em Digital"? Demora na execução das tarefas, por parte dos utilizadores (colaboradores, clientes, entre outros *stakeholders*), pelo facto terem de duplicar ou triplicar o trabalho que realizavam.

Senão, vejamos o antes e o depois com a "Transformação do Papel em Digital" relativamente a um simples processo de receção e encaminhamento de faturas:

- Antes:

    1. Fatura do fornecedor chega via correio.
    2. Em seguida, era entregue em mão ao Departamento Financeiro, que registava em sistema contabilístico a sua entrada.
    3. Este despachava na própria fatura, dando nota de "Ao serviço X, para confirmação da entrega do produto".
    4. O serviço X validava e escrevia na fatura "Ao Departamento Financeiro, Validado e pode-se pagar".
    5. E, finalmente, o Departamento Financeiro pagava e arquivava num *dossier* de fornecedores a fatura.

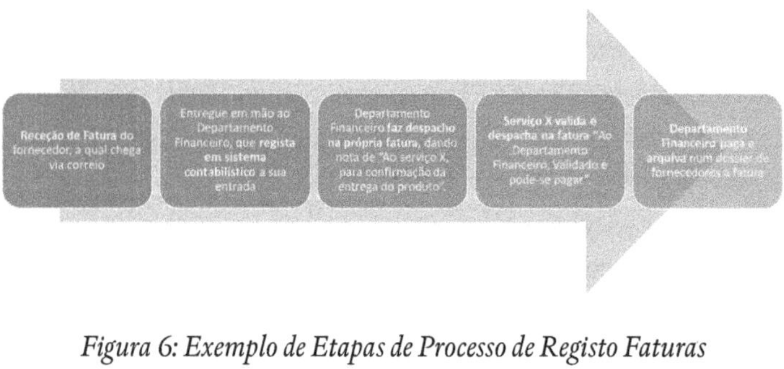

Figura 6: Exemplo de Etapas de Processo de Registo Faturas — Modelo Tradicional

- Depois:
  1. Fatura do fornecedor chega via correio.
  2. Quem está no serviço de expediente faz o *scan* da fatura, *upload* do documento para o sistema tecnológico e encaminha para o Departamento Financeiro.
  3. O Departamento Financeiro recebe e imprime a fatura.
  4. Analisa e escreve à mão na própria fatura, dando nota de "Ao serviço X, para confirmação da entrega do produto".
  5. O Departamento Financeiro faz o *scan* da fatura, *upload* do documento para o sistema tecnológico e encaminha para o serviço X.
  6. O serviço X imprime e valida, escrevendo na fatura "Ao Departamento Financeiro, Validado e pode-se pagar".
  7. O Serviço X faz o *scan* da fatura, *upload* do documento para o sistema tecnológico e encaminha para o Departamento Financeiro.
  8. O Departamento Financeiro imprime, dá ordem de pagamento.
  9. O Departamento Financeiro arquiva a fatura no *dossier* de fornecedores a fatura.
  10. E, finalmente, o Departamento Financeiro no sistema tecnológico indica que o documento está arquivado e que o original está fisicamente num determinado local.

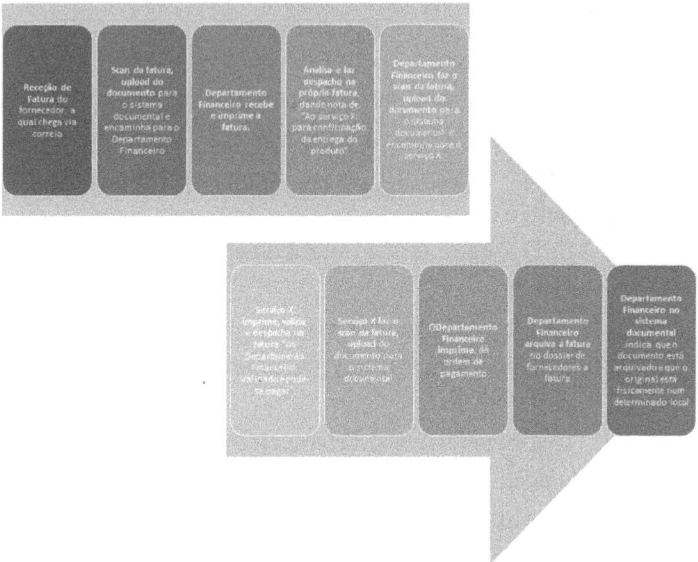

Figura 7: Exemplo de Etapas de Processo de Registo Faturas — Modelo "Transformação Digital do Papel"

Aquilo que num processo tradicional tinha cerca de cinco atividades, no modelo de "Transformação Digital do Papel", passou a ter no mínimo dez atividades. Pode estar eventualmente exagerado, mas assistimos a vários fenómenos destes nos últimos 20 anos de implementações tecnológicas em empresas.

Na realidade, a aversão tecnológica de técnicos operacionais, durante anos, à transformação digital deveu-se a este fenómeno. Aquilo que antes processavam facilmente e tinham os processos "na sua cabeça" e organizados em *dossiers* nos arquivos passaram a ter de duplicar ou triplicar o esforço e organização das suas atividades. Em termos práticos, a produtividade em diversas realidades diminuiu, ao invés de ter aumentado, como está subjacente a qualquer implementação tecnológica.

Mas afinal o que é e por onde começamos uma Transformação Digital?

A Transformação Digital é muito mais do que a desmaterialização do papel; é um modelo para retirar atividades que deixaram de ser necessárias, quer pela evolução do negócio, quer pelo facto de passarem a existir tecnologias capazes de automatizar essas atividades, fazendo-as de outra forma mais simples e melhor, reduzindo o custo (e já não é só o TCO — *Total Cost of Ownership*, mas o COGS — *Cost of Goods Sold*). Sempre com o objetivo de acelerar o negócio (Court *et al.*, 2015; Kiron *et al.*, 2016; Ribeiro, 2017).

Continuando no exercício anterior, o resultado do processo de faturação, de facto transformado digitalmente, poderia ficar em três simples atividades, como é visível na imagem seguinte:

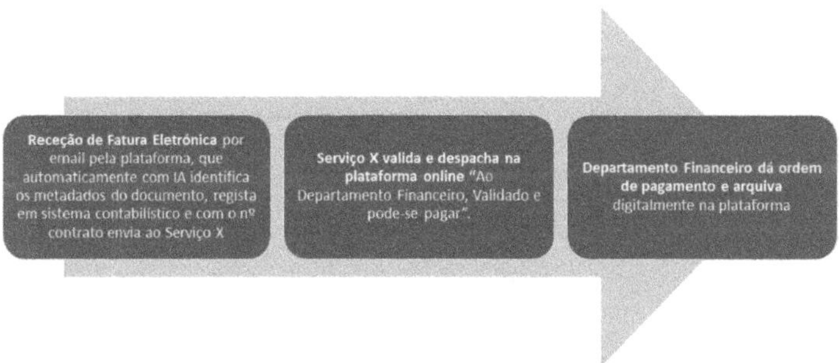

Figura 8: Exemplo de Etapas de Processo de Registo Faturas — Modelo "Transformação Digital Efetivo"

Um processo correto de Transformação Digital começa numa "folha em branco", sem qualquer constrangimento sobre "o que existe", nem sobre qualquer tecnologia. Transformar digitalmente uma empresa é fundir a empresa com novos modelos de negócio, que podem, inclusive, ser disruptivos com os usados até então (Rogers, 2016; Ribeiro, 2017).

Transformação Digital é começar o que se faria se a empresa começasse hoje, com a tecnologia de hoje. E, com este exercício, entender a distância do que temos "hoje" até ao "se tudo começasse hoje" e preparar um plano de execução para lá chegar.

Vejamos um simples exemplo, como o de transformação digital do processo de equipas de manutenção que andam "no terreno". Por exemplo, equipas de manutenção de elevadores, de canalização, de estradas, ou outros domínios similares. A imagem seguinte procura representar o fluxo de atividades no modelo tradicional "papel" e no que poderia ser hoje uma realidade digital desse mesmo processo.

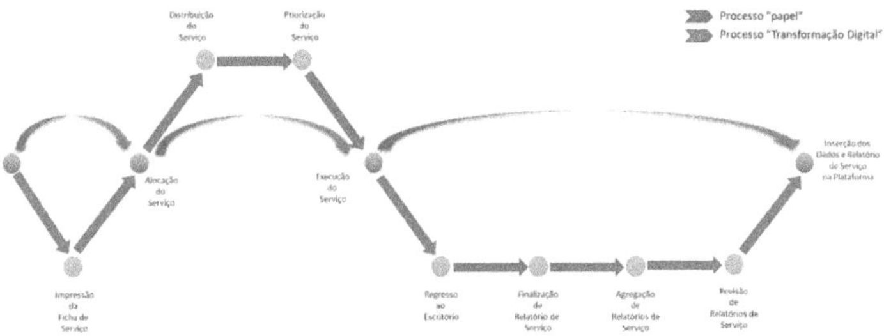

Figura 9: Diferença de processos "Papel" e "Transformação Digital" (adaptado de SAP, 2020)

Como é fácil visualizar pela imagem anterior, com três etapas apenas, uma empresa com uma solução móvel de apoio às equipas de manutenção tem (quase) em tempo real os dados de quando está a ser realizado o serviço, permitindo inclusive um processo de faturação consequente de forma imediata. Ao invés, o modelo tradicional com muito papel e intervenção humana tem a mesma eficácia, mas com a ineficiência inerente às falhas potenciais de erros humanos e ao tempo associado à disponibilização de dados da intervenção em sistema. Modelos de eficiência similares a este exemplo de transformação, realizada usando plataformas de mobilidade empresarial, podem ser aplicados em atividades comerciais, logísticas, operacionais, entre outras, em diversas organizações.

Em termos práticos, estamos a discutir um modelo de transformação digital de um processo, exemplificativo de como se altera o processo, reduzindo o número de atividades, com a introdução da tecnologia atualmente disponível.

Mas onde está o desafio para realizarmos estas mudanças? Estará nas *start-ups*? Ou nas empresas com os negócios tradicionais? Está, naturalmente, nas empresas que têm uma história, que têm uma equipa com pessoas, com famílias, com responsabilidades sociais e económicas, com clientes certos e confiantes numa relação que existe há vários anos. Trata-se de um "lastro" histórico, com um conjunto de "pesos" que necessitam de ser geridos, perante a necessidade de evolução do negócio capaz de dar resposta a novas necessidades evolutivas dos clientes e do próprio mercado.

E é por isso que, de facto, não é fácil ultrapassar os "receios" internos de mudança, quando temos o "comboio em andamento".

Mas a necessidade de evoluir é inevitável. Entender a mudança do processo de uma empresa tradicional para uma "Empresa Digital Inteligente" é fundamental.

Não é de hoje que sabemos que as empresas "tradicionais" têm de estar em constante inovação, contudo a velocidade dessa mudança tem sido crescente. Tal tem conferido aos processos para Transformação Digital uma elevada dinâmica de inovação, que pode ser colmatada usando modelos de inovação incremental.

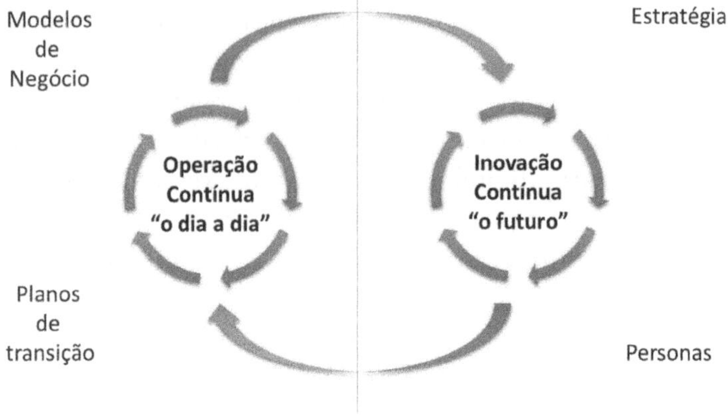

Figura 10: Processo incremental de inovação

A inovação incremental implica um trabalho contínuo de inovação interna, capaz de incorporar nas operações pequenas alterações de processos (Jacobson, 2021). Tudo numa ótica de aplicar o princípio do conhecido provérbio "grão a grão, enche a galinha o papo", que, neste caso, pode traduzir-se em "de inovação em inovação, realiza-se a transformação digital total".

Por onde começar? Por pequenos processos, ineficientes, ou seja, com poucas (ou nenhumas) atividades automatizadas e sem criticidade para as atividades *core* da empresa. Depois, trata-se de medir, entender as lições aprendidas, melhorar e passar ao próximo processo num ciclo crescente de inovação e criticidade. É fundamental, em todas as etapas/ciclos de inovação, definir as métricas de avaliação e, no final, validar o quão precisos fomos relativamente ao alvo.

Parece fácil... mas estamos muito longe disso. Certamente que quem lidera as organizações entende a necessidade de evoluir, mas, no essencial, e para que haja efetivas mudanças e verdadeira evolução, é fundamental que não se embrenhem na "Transformação Digital do Papel" e que tenham uma estratégia e, sobretudo, uma metodologia estratégica de implementação, conforme o adiante descrito no Capítulo 6.

Estratégia no Digital: saber o que não queremos! E o que não somos!

Em quantas reuniões de trabalho da sua empresa, internas ou externas com outras empresas, verifica que não há uma noção clara de qual é a estratégia de negócio da sua ou da outra empresa? Quantas vezes sente que há um ziguezaguear de decisões, que cria confusão na atuação das próprias equipas? A razão é mesmo porque, muitas vezes, as empresas não sabem bem o que não são!

E esta conclusão deve-se às respostas obtidas a duas perguntas típicas, e muito simples, que devem ser colocadas a quem lidera projetos empresariais, sejam projetos *start-up* sejam empresas já com alguma estrutura:

- "O que é que vocês fazem?"
- "O que vos distingue de outros no mercado?"

Perante a primeira questão, há quem responda: "Fazemos tudo! E agora até estamos no digital! Fizemos a nossa transformação digital!"

Normalmente, na segunda questão, a resposta mais típica é "Não sei".

Pior ainda é, quando perante duas perguntas, cujas respostas deveriam ser curtas e diretas, após cinco minutos, o vosso interlocutor ainda está a tentar explicar qual o produto ou qual o serviço que faz. É aí, com o receio de não querer perder um negócio e querer demonstrar a fantástica empresa, que o vosso interlocutor se estende dizendo que a empresa e os seus produtos ou serviços conseguem fazer "o pino", ou mesmo, "a cambalhota ou o mortal atrás com pirueta à retaguarda".

Há um ensinamento dos nossos avós que é: "se queres fazer tudo, na realidade não vais fazer nada!" E a realidade é que, analisando várias empresas, se percebe que de facto não fazem nada, pelo menos, nada que verdadeiramente as diferencie das demais no mercado em que operam ou pretendem operar!

Quantos de nós, perante o facto de termos alguém à nossa frente que não sabe o que distingue a empresa das restantes, se questionam: "mas então porque é que estás aqui a querer vender-me uma coisa que se calhar já tenho, de que não preciso ou da qual, provavelmente, nem virei a precisar?".

A tudo isto, acresce a cereja em cima do bolo, quando, num último suspiro de liderança inovadora, o interlocutor nos diz "fazemos um ecossistema digital, com inteligência artificial, para dar dados com valor para o negócio!"

Como é que se arruma a conversa? Basta perguntarem ao vosso interlocutor: "Então, o que é que não fazem?"

Esta questão costuma ser um drama para quem a ouve. O vosso interlocutor vai ficar desconfortável, pois não esperava passar pelo incómodo de ficar sem resposta, uma vez que não é normal fazer-se essa questão.

Definir qualquer estratégia empresarial ou estratégia digital, ou mesmo estratégia pessoal, implica, em primeiro lugar, ter uma visão e um propósito. Tal permite-nos identificar um rumo, clarificar uma necessária definição de fronteiras de até onde vamos, isto é, definir de forma clara aquilo que a empresa não é e não será, e não faz nem fará.

No Digital, onde a concorrência é ainda maior e mais agressiva (não há fronteiras físicas de países), importa ainda mais distinguirmo-nos, tornando evidente o que não somos!

Em jeito de conclusão desta seção, e seguindo estas pequenas regras, é fundamental, antes de qualquer estratégia, pensar no nosso propósito de existência, enquanto empresa, definindo a nossa missão e visão. Garantir com clareza a diferenciação da concorrência, sabendo explicitar as nossas vantagens competitivas e a proposta de valor acrescentado a dar aos clientes.

A encruzilhada da Transformação Digital

Os CEOs, os CIOs, entre outros decisores empresariais, por onde andem, ouvem recorrentemente "a empresa tem de se transformar digitalmente!" ou "Novos modelos de negócio, baseados no digital!" ou mesmo "se a empresa não se digitalizar, desaparecerá a curto-médio prazo!".

A realidade é que todas estas frases podem até estar, na sua essência, corretas, mas, para um decisor empresarial, elas representam, na maioria das vezes, uma completa incógnita. Representam, sobretudo, o desafio acrescido de entrar numa via de mudança desconhecida.

Entender que se tem uma empresa estabelecida, com empregados com mais de 30 anos de colaboração, com sistemas tecnológicos que estão em pleno funcionamento há mais de dez anos ou com uma estabilidade comercial e um conhecimento de mercado elevado.

Mas, ao mesmo tempo, perceber que há novas empresas e novas tecnologias, até aqui desconhecidas, que estão a aparecer e com eficiências operacionais incomparavelmente superiores.

Isso é deveras assustador! E... este é o dilema. Esta é a encruzilhada.

Muitas dúvidas e questões surgem certamente. Damos o passo em frente, ou ficamos à espera que "a caravana passe" e nada nos aconteça? Despedimos aqueles que connosco, durante décadas, deram o seu melhor, substituindo-os por mais novos e com maior apetência tecnológica? Conseguimos começar amanhã com uma nova tecnologia, esquecendo tudo o que foi feito com as anteriores, e que tão bons resultados têm dado até aqui?

Em termos práticos, são estes os desafios que passam pela cabeça de muitos gestores empresariais. E, embora este livro dedicado em particular a pequenas ou médias empresas, estes pensamentos não são um exclusivo desta tipologia de empresas. As grandes empresas também têm estes dilemas.

A pergunta que se impõe é óbvia: "Qual a melhor forma de ultrapassar estas barreiras psicológicas, sociais e de gestão?"

Antes de mais, importa perceber que este grande problema pode ser dividido em partes. Como se costuma dizer, importa "partir o elefante às postas".

Para tal, deve-se definir uma estratégia a médio prazo (três a cinco anos), que seja capaz de levar a empresa da rota atual, para um futuro mundo digital. Assumir que será um caminho com alguns erros operacionais, mas com a vontade de os corrigir rapidamente, para não se desfocar da estratégia definida.

A criação da estratégia de Transformação Digital da empresa, conforme é refletida pelo Fórum Económico Mundial (Nanterme, 2016; World Economic Forum, 2016), é essencial para preparar uma empresa para ter sucesso na era digital, onde os principais pontos assentam na definição da estratégia, na estruturação do modelo operacional, nas competências digitais e na medição de indicadores.

Do ponto de vista geral, estes pontos não são nada de novo, mas do ponto de vista do detalhe mudam bastante, em particular na capacidade de associar negócio e tecnologia, colocando-as a trabalhar em uníssono e alinhadas na compreensão da experiência de uso, do produto ou serviço, a dar aos clientes.

Parece até um processo simples, mas não é. E tudo começa no passo mais complicado: tomar a decisão de que é preciso mudar e de que é para mudar mesmo!

Ficar na mesma, ficar a olhar para a encruzilhada e não tomar decisões, é que será problemático.

A sua empresa digital é a visão de como repensar todos os aspectos do seu atual negócio e de como será capaz de ter sucesso na era digital. Não deixe ficar a sua empresa na encruzilhada.

A Transformação Digital dos Líderes

Conforme referido no Capítulo 3 do livro, eficácia e eficiência são duas bases essenciais na gestão de empresas para, de forma resumida, garantir mais receitas e garantir otimização de custos. Atualmente, o ser competitivo, ou seja, garantir as bases essenciais da gestão, está, cada vez mais, na capacidade de as empresas conseguirem potenciar níveis de integração e de alinhamento entre estratégias de sistemas de informação e estratégias de negócio.

Para tal, e como já referido neste capítulo, torna-se de facto crítico saber que Transformação Digital não é apenas a digitalização de atividades, é também a transformação de processos, de pessoas e de tecnologias, numa forma estruturada, integrada e transversal nas organizações.

Será neste ponto onde as organizações se irão diferenciar no médio prazo, quer em termos de eficácia quer em termos de eficiência. Mas, para tal, é fundamental que os líderes empresariais estejam também aptos a transformarem-se e a entenderem as atuais e futuras capacidades tecnológicas e de gestão de informação que têm à sua disposição.

Há demasiadas tentativas de líderes empresariais procurarem resolver desafios novos, com metodologias de gestão antigas usando tecnologias atuais, não entendendo as transformações ocorridas no mercado de clientes, no mercado laboral e no potencial tecnológico de hoje para gerir a informação e o conhecimento.

Os modelos de negócio estão em mudança cada vez mais acelerada e é por isso fundamental garantir que os líderes das empresas, quer sejam os gestores de 1.ª linha quer sejam chefias intermédias, entendam o que são:

- estratégias digitais;
- estratégias de sistemas de informação;

e como são estas capazes de transformar os processos da empresa, melhorando os níveis de eficácia e de eficiência.

Fará a diferença, no futuro, quem melhor entender como as tecnologias disruptivas que estão a surgir podem, de um momento para o outro, transformar por completo sectores empresariais (primário, indústria transformadora e serviços).

Tecnologias disruptivas como Impressão 3D, Inteligência Artificial, *Blockchain*, soluções de Cibersegurança e Ciberinteligência, Data *Analytics, Cloud,* Bio e Nano tecnologias, entre outras, irão por certo transformar radicalmente alguns sectores de atividade.

Será já amanhã? Não.

Terá a empresa de começar a analisar e começar a testar estas tecnologias ao serviço do seu modelo de negócio? Sim.

Um líder, além de liderar no curto prazo, tem de liderar uma visão no médio e longo prazo.

Liderar para o futuro é entender que, por exemplo, a impressão 3D poderá trazer uma mudança no sector de empresas da indústria transformadora, alterando os seus modelos de negócio — do *hardware* para o *software* — e de serviços.

Neste caso, um componente deixará de ser fabricado na empresa e transportado até ao cliente. O componente passará a ser descarregado num ficheiro, pelo cliente no seu computador, e será impresso/produzido pelo próprio cliente nas suas instalações.

Entendamos com este pequeno exemplo que, além do impacto na indústria transformadora de componentes, há toda uma cadeia de valor que se transforma, desde fornecedores de matérias-primas, a fornecedores das máquinas de transformação e até empresas de logística. Estas últimas deixarão de ter produtos a quem entregar e, portanto, podem deixar de ter negócio, se não redefinirem um novo posicionamento estratégico.

Com este exemplo, o leitor entenderá uma pequena perspetiva da transformação global dos modelos de negócio a que o mundo assistirá nas próximas décadas. Para ter sucesso, teremos então de ter líderes também eles capazes de se transformarem digitalmente, entendendo que os próprios modelos de gestão se irão alterar.

As competências de gestão necessitam, por isso, de, além de incorporar as tradicionais noções de finanças, de economia, de contabilidade, de operações, de serviço ao cliente, ter competências fundamentais de Sistemas de Informação e de Negócio Digital. Serão essas competências a chave do sucesso, mas será também fundamental que os líderes tenham a humildade de assumir a sua realidade e de assumirem um papel proativo na sua própria transformação digital.

5
SISTEMAS DE INFORMAÇÃO: O PARCEIRO ESTRATÉGICO

A empresa como uma função matemática f(x) digital
Quando começamos a falar de estratégia, importa perceber que devemos criar modelos simples para começar a entender o mundo complexo em que vivemos. É, por isso, que se se trabalhar o conceito de uma empresa como uma simples função matemática do tipo "f(x)" irá ter, de uma forma simples, uma visão de que existe um conjunto de *inputs*, nomeadamente matérias-primas, recursos humanos, financeiros e logísticos, entre outras variáveis de entrada, que levam a *outputs* que são, na realidade, os produtos e serviços entregues ao mercado, a experiência de uso do cliente e o valor entregue ao acionista (Ribeiro, 2020).

Se analisarmos um pouco mais aprofundadamente, ou seja, entrarmos na análise do f(x), entendemos que existem outros f(x) nas unidades de negócio, outros f(x) nos departamentos e outros f(x) nos colaboradores, entre outros.

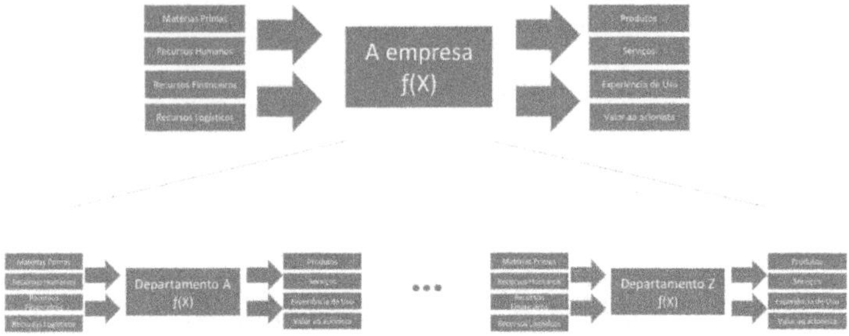

Figura 11: Modelo de desagregação matemática das empresas e seus departamentos

Neste sentido, a empresa será tanto melhor quanto melhor for o seu valor acrescentado, o que, matematicamente, se pode resumir à otimização da empresa como a derivada do seu f(x), isto é, o f'(x) global.

Se entendermos a empresa desta forma, podemos começar a estruturar os conceitos de otimização interna e posicionamento no mercado, através da identificação das variáveis e dos seus comportamentos.

Assim, a competitividade da empresa será tanto melhor quanto melhor a liderança da empresa conhecer o seu f(x) e todas as variáveis inerentes aos seus processos. Para isso, deverá aplicar duas leis da gestão comum:

- "gerir é medir" e
- "o que não se mede não existe".

Quais são os desafios? Saber o que medir e medir efetivamente. Só desta forma o gestor conseguirá garantir mais resultados, isto é, ser mais eficaz e apto a garantir a melhoria contínua dos seus processos, ou seja, ser mais eficiente.

Para tal, há um conjunto de desafios inerentes a ultrapassar, dois dos quais complexos. Um existe desde que existe vida humana no planeta Terra, que é a gestão de recursos humanos, e o outro, bem mais recente, é o da transformação digital dos seus processos, que é o que este livro procura apoiar.

Os estudos sobre gestão de recursos humanos são muito aprofundados, mas ainda não existe uma fórmula matemática de controlo simples de garantia de sucesso, nem de capacidade de replicar a fórmula. Como se costuma dizer, no dia-a-dia, a única coisa certa é que "as pessoas se comportam como pessoas", dada a sua multiplicidade de motivações, emoções e ações.

Há um conjunto de boas práticas de otimização, as quais vão evoluindo também de acordo com a evolução da espécie humana, destacando-se o modelo e estilo de liderança, a estrutura de incentivos, o aditivo da cultura com identificação clara de propósito e visão da empresa, entre outros. Estes são temas fundamentais, mas que não são o âmbito deste livro, pelo que apenas os abordamos de forma superficial, contudo são variáveis que não devem ser esquecidas quando estamos perante desafios de mudança nas organizações.

A Transformação Digital é um desafio bem mais recente, que se tornou possível pela maturidade tecnológica a que começamos a assistir, o que se traduz no acesso facilitado, "à distância de um clique", de plataformas tecnológicas capazes de transformar a forma como as empresas fazem o seu f(x) de entrega dos seus produtos e serviços. A Transformação Digital permite-nos garantir a máxima "gerir é medir", dado que tudo na tecnologia é um sensor!

Um sensor produz dados, que se transformam em informação e esta em conhecimento. Desta forma, é possível entender onde poderemos identificar os aspectos que a empresa poderá melhorar, uma vez que temos dados e factos concretos e consistentes. A realidade é que a Transformação Digital no seu ponto ótimo consegue fazer tudo isto em tempo real e alcançar o topo da pirâmide que é a sabedoria.

Saber transformar digitalmente uma empresa não é ainda para todos, mas aqueles que o souberem fazer e mudarem os seus processos são aqueles que sobreviverão nesta evolução da espécie "empresa".

E você, já entendeu como fazer a otimização ou derivada digital do f(x) da sua empresa? Entenda o conceito neste capítulo.

Transformação Digital: dos Dados à Sabedoria

No século XXI, a competitividade do mercado empresarial tem dado o reconhecimento às empresas que sabem usar melhor os dados disponíveis nas tomadas de decisão e, em particular, àquelas que o costumam fazer como uma cultura intrínseca à sua atividade. Denominam-se essas empresas por "Data Driven Companies".

A sua principal diferenciação é que entendem como desenvolver estratégias corretas de médio e longo prazo, com abordagens operacionais e pragmáticas de curto prazo. Tal permite-lhes criar o alicerce de posicionamento imediato, perante os concorrentes, e ganhar as dinâmicas de aceleração para a liderança de futuro no seu sector de atividade.

A maioria destas empresas já não enfrenta o desafio de como obter ou de como produzir dados. O desafio centra-se em como usar e transformar os dados disponíveis de uma forma capaz de trazer foco e valor para o negócio. Estas são organizações que já alcançaram bons graus de maturidade digital nos seus processos, possuindo culturas de melhoria contínua dos seus processos e garantindo patamares elevados de eficiência interna. Incessantemente, procuram descobrir iterativamente, e de forma contínua, como dinamizar novos modelos de negócio mais eficazes.

Em 1985, Michael Porter referiu que "a revolução da informação está a varrer a nossa economia" (Porter & Millar, 1985).

Hoje, mais de 30 anos depois, quando lemos esta frase, pensamos "é óbvio, como é que ainda há gestores a basearem as suas decisões em crenças?"". Mas, naquela época, esta afirmação foi uma revolução e certamente nem todos a entenderam, tendo em conta que as tecnologias só ali começavam a fazer parte do dia-a-dia das empresas.

As décadas de 1980 e 1990, com o aparecimento de *softwares* de gestão de produção, de recursos humanos, de armazéns, entre outros, foram o "ensino primário" de como as empresas passaram a enfrentar o desafio da criação de dados e obtenção de informações para a tomada de decisões operacionais do dia-a-dia. Hoje, nas empresas mais competitivas, a discussão dos Sistemas de Informação já não está neste patamar. Os dados e a informação já são considerados *commodities*. Os decisores buscam informações nos seus ecossistemas digitais para adquirirem conhecimento e sabedoria, e assim assumirem a liderança nos seus mercados. Sabem como obter, de forma efetiva, vantagem competitiva perante os seus concorrentes. Este é um processo muito bem definido pela famosa pirâmide DIKW — dados, informação, conhecimento e sabedoria — caracterizada por R. L. Ackoff (Ackoff, 1989).

A maturidade do mundo digital trouxe consigo o conceito de tempo real dos dados, isto é, a transformação digital trouxe a capacidade de elevar a níveis nunca antes alcançados a garantia da *sensorização* integral das empresas, colocando tudo a funcionar como uma orquestra interna de produção de dados. Cada colaborador, cada máquina, cada aplicação da empresa funciona como um músico da orquestra, onde cada pauta tocada é ouvida pelo maestro, onde cada desafinação é imediatamente identificada e corrigida. Tudo dentro destas empresas "Data Driven Companies" produz dados, os quais são analisados e otimizados ou acelerados, tendo em vista o alinhamento estratégico da empresa. Ou seja, tudo dentro desta tipologia de empresas se baseia em plataformas digitais que contribuem para a criação de modelos de liderança e para o seu posicionamento no mercado competitivo.

Ora, se entendermos que uma empresa é um sistema e, como sistema que é, pode ser mapeado numa função matemática, conforme vimos no capítulo anterior, compreenderemos que a transformação digital nos trouxe curvas crescentes de modelos de otimização da eficiência interna nos processos de negócio. Isto acontece pela capacidade indicada de, em tempo real, passarmos de Dados a Sabedoria. Em termos práticos, e matematicamente falando, estamos a criar declives cada vez maiores das funções derivadas nas empresas, conforme visível na Figura 12 — Círculo virtuoso e infinito da Gestão de Dados em Estratégia (adaptado de Ribeiro, 2021). Esta análise às derivadas é o que permite aos gestores das empresas encontrar e buscar equilíbrio para obtenção do valor ótimo de mercado da sua empresa.

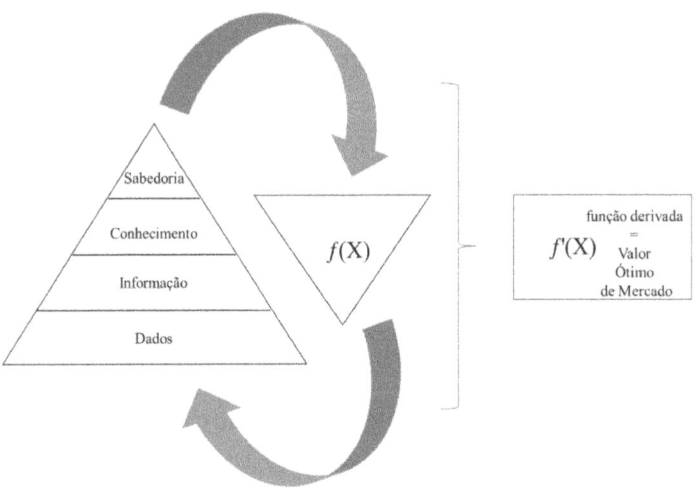

Figura 12: Círculo virtuoso e infinito da Gestão de Dados em Estratégia (adaptado de Ribeiro, 2021)

A aceleração que estamos a viver tem-se tornado evidente em plataformas mundialmente usadas como Facebook, Amazon, Google, Airbnb, entre muitas outras. O que estas empresas fizeram foi incorporar, nos seus processos de transformação de Dados em Sabedoria, modelos de Inteligência Artificial avançada, como sejam algoritmos de *Machine Learning* e mesmo de *Deep Learning* (patamar onde as máquinas não só aprendem como também criam testes de aprendizagem automáticos).

Estamos, no fundo, perante a passagem da Era da Informação, identificada por Michael Porter nos anos 80, para uma Era da Predição. Tem sido esta passagem para a Era da Predição que tem permitido um maior aparecimento mundialmente, nos últimos anos, de empresas unicórnios[4], precisamente porque souberam nascer integralmente em modelos de negócio suportados 100% em processos digitais.

Mas porque é que não estão todas as empresas a acompanhar esta evolução? Simplesmente, porque estamos perante desafios muito profundos de mudança organizacional, cultural e, naturalmente, de processos.

E se para uma empresa que nasça hoje é fácil florir nesta filosofia da Era da Predição, para uma empresa com décadas, ou mesmo centenas de anos de história, haverá uma enorme dificuldade, sensivelmente o equivalente a pedir "a uma pessoa com mais de 60 anos para correr cada vez mais rápido de ano para ano, até chegar à velocidade do Usain Bolt". Isto é, o único rumo para estas empresas se manterem competitivas é disporem de capacidade e filosofia interna de lideranças transformacionais que rejuvenesçam as empresas. Sem isso, as empresas continuarão a tentar correr provas olímpicas com pessoas de 60 anos e falharão certamente.

[4] Empresas *start-up* avaliadas em mais de mil milhões de dólares.

É, por isso, fundamental entender que estes são ciclos imparáveis e de pressões constantes na capacidade de liderar empresas, colaboradores e intervenientes. Quem souber gerir pressões de curto prazo (apresentação de resultados imediatos, entrega de dividendos), alinhar e converter os Dados à Sabedoria em tempo real, definindo o rumo claro das Operações com a Estratégia, baseado em modelos de processos digitais, garantirá certamente a sua vantagem competitiva e o valor acrescentado ao mercado.

A mudança nas Cadeias de Valor e o papel dos Sistemas de Informação

O reconhecido economista Michael Porter, no seu livro *Competitive Advantage: creating and sustaining superior performance* (Porter, 1998), originalmente lançado em 1985, introduziu o importante conceito e modelo de Cadeia de Valor, que se estabeleceu como um padrão na economia. Esse modelo explica, de uma forma simples e assertiva, a estrutura sistemática do conjunto de atividades necessárias para que as empresas entreguem produtos ou serviços de valor acrescentado ao mercado.

Naquela época, Porter também entendeu o valor da Informação como uma infraestrutura fundamental para alcançar modelos eficientes nas organizações, em particular nas transações existentes entre os diversos fluxos organizacionais, nomeadamente entre atividades de suporte e atividades centrais da empresa.

Contudo, hoje, o paradigma da Transformação Digital e a conquista de níveis mais elevados de maturidade tecnológica têm tornado evidente que o papel e a importância dos Sistemas de Informação e do Digital já não podem ser confundidos como simples tecnologias de informação que suportam as atividades de negócio. Jim Collins, no seu *bestseller Good to Great: Why Some Companies Make the Leap and Others Don't*

(Collins, 2001)[5], reflete precisamente isso, quando refere que os Aceleradores de Tecnologia são uma das razões para a aceleração e sustentabilidade de modelos de negócio.

Tal significa que a tecnologia está entre os processos e os diversos recursos das empresas, e não é apenas um ator passivo e reativo ao desenvolvimento do negócio. A tecnologia deixou de ser o *helpdesk* da empresa e passou a ser determinante na eficácia e eficiência da organização.

Uma das bases fundamentais é, desde logo, como vimos no Capítulo 3, saber que os Sistemas de Informação são diferentes da Tecnologia da Informação, por serem um conjunto de três componentes principais — Pessoas, Processos e Tecnologia da Informação — (Bourgeois, 2014). A outra é entender que o valor da informação no mundo dos negócios de hoje, também previsto por Michael Porter e outros autores, é a constatação factual de que a tecnologia é um acelerador fundamental para empresas eficientes e sustentáveis.

Tudo isto significa que os Sistemas de Informação são mais do que o desenvolvimento de tecnologia nas atividades de suporte da cadeia de valor.

Neste século XXI, os Sistemas de Informação precisam de ser entendidos como uma atividade primária do dia-a-dia da empresa, e, portanto, estratégica e essencial para a entrega do produto ou serviço (Figura 13 — Transformação digital da Cadeia de Valor de Porter (Ribeiro, 2021)). Este reconhecimento como atividade primária é a garantia de que existe uma área específica e crítica dentro da empresa que estará sempre em busca da adequação e alinhamento perfeito entre pessoas, processos e tecnologia. Será este equilíbrio e diferenciação de gestão interna que garantirá a vantagem competitiva de hoje e do futuro próximo.

[5] *De Bom a Excelente*, Casa das Letras, 2015, na versão portuguesa.

Figura 13: Transformação digital da Cadeia de Valor de Porter (Ribeiro, 2021)

Nicholas Carr, no seu artigo "IT Doesn't Matter" (Carr, 2003), tocou num ponto sensível para muitos informáticos, quando referiu que a Tecnologia da Informação é uma *commodity* para as empresas, como a água ou a eletricidade. Em 2003, quando Carr escreveu este artigo, já tinha entendido que a vantagem competitiva não estava na tecnologia, mas na forma como as empresas a usavam e a alavancavam como questão estratégica. Este é um exemplo de que a vantagem competitiva não está nas Tecnologias de Informação, mas sim nos Sistemas de Informação e na capacidade de trabalhar toda uma Estratégia Digital de negócio.

O surgimento, na estrutura organizacional de várias empresas, de funções como Chief Information Officer (CIO) e Chief Digital Officer (CDO) é um exemplo dessa mudança nas cadeias de valor.

Eles não são o Chief Technology Officer (CTO), que gere apenas a infraestrutura de tecnologia (o fator *commodity*). Não se espera que um CTO seja um motor estratégico, mas um motor operacional alinhado com o suporte diário da infraestrutura empresarial, conforme visto na Cadeia de Valor de Porter (primeira geração). Os CIO e CDO são motores para a Inteligência Competitiva empresarial, o que significa que as suas funções estão mais alinhadas com o futuro estratégico e o movimento de longo prazo da empresa e não apenas com o dia-a-dia operacional.

Os Sistemas de Informação, hoje, precisam de ser entendidos como um dos influenciadores estratégicos da empresa, ou seja, não são a "velha" TI de uma empresa.

Podemos aplicar aqui uma analogia com a "conhecida" cadeia alimentar ecológica, popularizada por Charles Elton em 1927 (Elton, 2001) no seu livro *Ecologia Animal*, ou seja, os Sistemas de Informação e a Estratégia Digital subiram do nível de produtores e decompositores a Principais Carnívoros. Tal significa que, antes, eram vistos como suporte técnico e agora devem ser percecionados como decisores estratégicos na "Cadeia de Decisão" de negócio das empresas.

Os Sistemas de Informação e a Estratégia Digital são o motor que pode unir negócios, tecnologia e informação, garantindo que a estratégia e os objetivos de longo prazo estão presentes nas decisões.

Mas quem pode liderar este motor?

O novo CIO: o quase super-herói da Marvel

A função de CIO é conhecida como significado de "Chief Information Officer", isto é, alguém que, numa organização, coordena, gere o conhecimento e os dados, garantindo que os mesmos estão disponíveis a quem deles necessita.

Mas se, até há algum tempo, este era o perfil que "humanizava" o "Chief Technology Officer", dando um foco de negócio à tecnologia, hoje o seu papel é muito mais alargado e influente dentro de uma empresa, influenciando claramente a sua sustentabilidade e crescimento.

No atual mundo de Transformação Digital, o "novo" modelo de CIO tem desafios muito maiores, pois é requerido que tenha uma polivalência de conhecimentos muito mais alargada, quer do ponto de vista do entendimento do foco interno e externo das organizações quer do ponto de vista do conhecimento tecnológico e de negócio. Isto é, necessita de ter competências estruturadas de culturas organizacionais, de contextos políticos, de análises de mercado, de evolução de tendências e hábitos de clientes, de usabilidade e experiência de uso, além dos desafios tecnológicos e suas arquiteturas, inerentes à evolução digital em curso.

Estamos perante dois eixos críticos e estruturais de competências desafiantes para o CIO: o eixo Interno-Externo da empresa e o eixo Tecnologia-Negócio.

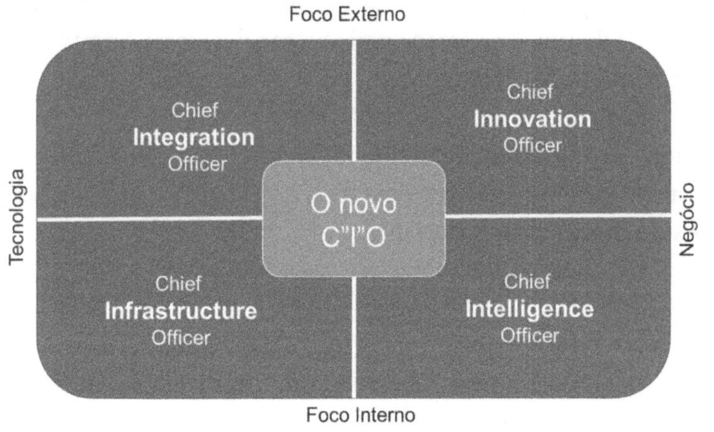

Figura 14: Os quatro quadrantes do "novo" perfil de CIO (Wang, 2011)

O papel do CIO é, assim, o de alguém que passa a ser um *pivot* organizacional, que tem a obrigação de ter uma visão transversal, e não apenas da Informação operacional e técnica na empresa. Alguns estudos indicam que mais de 80% dos CIOs alargaram bastante o seu raio de intervenção para lá das funções TI, além das funções de gestão de Informação.

Na realidade, um CIO tem de estar preocupado com outros *I*s desafiantes. O desafio do *I* de Integração de novas tecnologias na própria organização e como estas se podem transformar no *I* da Inovação e Intraempreendedorismo para o negócio, isto é, como é que conseguimos potenciar novas tendências tecnológicas a favor da empresa. Tal como o *I* das Infraestruturas técnicas e arquiteturas tecnológicas internas capazes de garantir a capacidade operacional e analítica do *I* da Inteligência competitiva de apoio ao negócio.

A Transformação Digital implicou que os CEOs nunca tenham dependido tanto dos CIOs como atualmente — com tendência para ainda maiores dependências. São os CIOs quem tem um peso essencial na evolução dos processos de inovação, tal como na influência exercida nas eficiências criadas pelas reengenharias de processos de negócio. Estão, assim, na linha da frente estratégica para a criação do valor acrescentado que o mundo digital trará também ao mundo físico das organizações. São várias as referências de empresas[6] que consideram as estratégias digitais e de sistemas de informação como atividades *core* na cadeia de valor e que, com isso, alcançaram resultados acima da concorrência, quer em receitas quer em margens. Passaram a ser mais eficazes e eficientes!

Por tudo isto, o desafio é mesmo encontrá-los. Onde estão esses CIOs multicompetentes e como poderão ser desenvolvidos? Estarão no mundo da Marvel ou da DC Comics? Parecem cada vez mais super-heróis... será que existem mesmo?

Será que, com a entrada na terceira década do século XXI, passamos a chamar CDOs — Chief Digital Officers — a estes CIOs. Independentemente do seu título, estas são figuras e funções essenciais à prossecução da estratégia digital das organizações.

[6] Schneider Electric, Dunkin'Donuts, Burberry, Inditex, entre outros casos de referência.

No capítulo seguinte, discutiremos como estes perfis vão sistematizar o alinhamento das estratégias de negócio com as estratégias tecnológicas.

6
O *FRAMEWORK* PARA A TRANSFORMAÇÃO DIGITAL

A Transformação Digital é um processo contínuo e evolutivo

Neste livro, já muito foi apresentado sobre o que é Transformação Digital e entende-se que, após 2020, já não estamos perante qualquer novidade, mas perante uma necessidade. Já não se trata de discutir se a teremos de realizar, mas quando a vamos fazer.

De uma forma simplificada, podemos, de facto, entender Transformação Digital como a mudança dos processos de negócio da empresa, usando a tecnologia de hoje. E entender a mudança de processos não é meramente colocar uma peça ou componente tecnológica num processo existente, mas entender o negócio como existe hoje e como o visionamos no futuro, começando pelas necessidades do cliente e só depois avançando para a tecnologia (Gupta, 2018).

Na realidade, estamos a acoplar um modelo digital estratégico que interliga a estratégia de negócio e a estratégia de sistemas de informação à necessidade e experiência dos clientes. Tudo alicerçado em componentes tecnológicas, que alavancam todas estas interações contínuas e evolutivas.

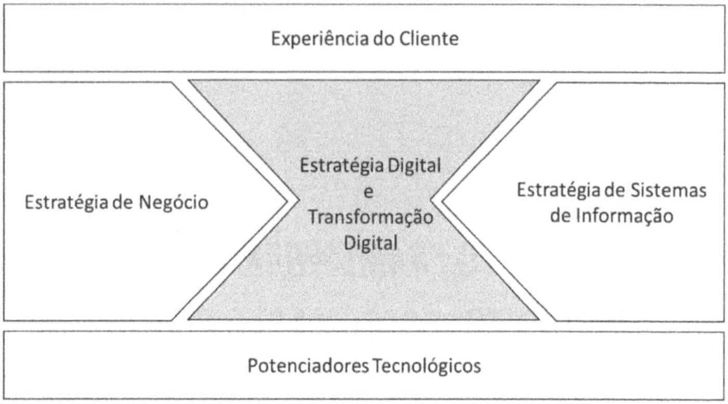

Figura 15: Interações de Estratégias Digitais e Transformação Digital (Ribeiro, 2021)

A figura anterior representa, de facto, a realidade da nova cultura que surgiu: a Estratégia Digital como centro de uma Empresa Inteligente. Esta é uma estratégia que liga as tecnologias, em particular as novas tendências disruptivas de *Analytics*, IoT, Impressão 3D, *Blockchain*, Interfaces Naturais de Utilizador ou Inteligência Artificial, à Experiência ao Cliente, à Estratégia de Negócio e à Estratégia de Sistemas de Informação de uma organização.

A estratégia digital entregará a governação digital, a qual é fundamental para definir uma responsabilidade clara no alinhamento da estratégia digital, das políticas e dos padrões digitais. A governação digital, quando efetivamente definida e implementada, irá, com certeza, auxiliar no desenvolvimento de negócios digitais, ágeis e sustentáveis (Welchman, 2015).

Esta viagem da transformação digital é um processo contínuo e evolutivo que não pode ser encarado como um teste isolado, como um departamento independente da empresa ou como uma implementação tecnológica na empresa. Esta é uma viagem que tem de ser entendida como uma verdadeira estratégia de negócio integrado de médio e longo prazo da empresa, acompanhando a evolução digital capaz de nos garantir, de forma consistente, vantagens competitivas no mercado.

Simon Sinek caracteriza o mercado e a liderança empresarial como um Jogo Infinito, no qual as organizações, para se tornarem sustentáveis, fortes e com vida longa, necessitam de ter atuações consistentes e tomar decisões que tragam valor contínuo e perpétuo à organização (Sinek, 2019). Na transformação digital, teremos de entender que também estamos precisamente perante um jogo infinito, onde o contínuo processo de evolução, de aprendizagem, de reinventar o modelo de negócio e de reinventar as cadeias de valor, para procurar acompanhar as igualmente contínuas evoluções das necessidades e exigências dos clientes, é fundamental.

A transformação digital também tem de ser encarada como mais uma etapa de um jogo infinito de adequação e continuidade das empresas, como uma peça que se posiciona num jogo sem fim definido, que, diariamente, se torna mais complexo e ao qual introduzimos tecnologia com intuito de o simplificar e tornar mais automatizado. E o desafio é que jogamos um jogo sobre o qual soubemos as regras do passado e sabemos as regras atuais, mas não sabemos as regras do futuro, razão pela qual procuramos de forma consistente e contínua criar modelos de inovação e agilidade organizacional que nos permitam garantir a adaptabilidade à próxima etapa no mundo social e empresarial.

Costuma-se dizer que "o futuro a Deus pertence", mas, neste caso, estamos perante uma definição estratégica capaz de antecipar o que "Deus fará a seguir". E, neste caso, com a transformação digital, ambicionamos ser eficientes o suficiente para garantir que estamos no sítio certo, à hora exata, com um esforço mínimo, quando Deus aplicar uma nova regra ao jogo.

Mas entender o futuro é também entender o passado. Estudar a história é essencial para saber o que esperar do futuro. Importa entender de onde vimos, para estruturar melhor onde estamos e antecipar o que iremos fazer. Neste sentido, importa compreender como chegámos hoje ao que conhecemos como Transformação Digital.

De uma forma simplificada, os anos 90 do século XX iniciaram com a denominada "Digitização", a qual se traduziu na conversão de dados e informação de modelos analógicos para modelos digitais (Salesforce.com, 2018). A título de exemplo, no sector de telecomunicações, estivemos perante a migração de redes de 1.ª Geração, onde "tudo se podia intercetar e ouvir nas comunicações", para as redes de 2.ª Geração, onde "tudo passou a ser codificado em "0" e "1"". No nosso dia-a-dia, passámos a ter a capacidade de deixar de escrever à mão, ou na máquina de escrever, para termos processadores de texto em computadores, que nos permitiram escalar muito mais facilmente. Ao invés de partilharmos os documentos através de fotocópias ou papéis químicos de cópia, passámos a conseguir, de forma muito mais fácil, partilhar o conteúdo produzido, enviando ficheiros, os quais passaram a poder ser impressos em qualquer local. Mudámos essencialmente a infraestrutura de suporte de comunicação e produção.

A evolução tecnológica no início do século XXI trouxe-nos a "Digitalização", ou seja, passámos a ter a capacidade de introduzir, em atividades de processos existentes, peças tecnológicas capazes de registar em infraestruturas digitais os dados produzidos ao longo do processo. Foi aqui o nascimento de grandes projetos de implementação de Gestores Documentais e de implementações vastas de ERPs e CRMs, na qual não mudámos grande coisa aos processos existentes, traduzindo aí as ineficiências da chamada "Transformação Digital do Papel". Nesta fase, não alterámos qualquer modelo de negócio, apenas "despejámos" tecnologia para dentro do nosso negócio.

Figura 16: Etapas da História da Transformação Digital

Por volta do ano de 2015, o tema Transformação Digital, tal como hoje o conhecemos, começou de facto a aparecer de forma mais sustentada nos circuitos empresariais, perante as várias ineficiências oriundas da Digitalização, nomeadamente as falhas na experiência de uso por parte dos utilizadores aplicacionais e alguns insucessos claros na avaliação de retornos de investimento. Assim, a Transformação Digital distingue-se da Digitalização, uma vez que garante um mínimo de três ações essenciais: foco de incorporação de tecnologia nos processos, efetiva mudança de processos de negócio, análise crítica e orientada ao negócio e na forma como se potencia o essencial das empresas: as pessoas.

O que virá depois desta etapa da Transformação Digital? Não há ainda consenso sobre o tema, mas certamente envolverá a capacidade de alavancar toda uma dinâmica de processos ágeis e adaptáveis autonomamente em tempo real, perante os desafios de contexto que as empresas vão sofrendo. Uma era de "Leveraging Digital".

Quatro pilares da Transformação Digital

O digital assumiu-se como sendo o "braço direito" das organizações no século XXI, para que possam manter-se visíveis para os clientes e competitivas no mercado, em geral. Também sabemos que o digital é indispensável para assegurar a máxima eficiência e eficácia das organizações, tendo por isso vindo a influenciar decisivamente os modelos e paradigmas de negócio existentes no mundo.

Garantir uma competitividade na Indústria 4.0 (Marr, 2018), ou quarta revolução industrial, como muitos designam, é garantir que integramos o processo de Transformação Digital da nossa organização com a maturidade e sistematização adequadas, usando tecnologias disruptivas na cadeia de valor, alicerçando maiores níveis de eficiência, melhorando a satisfação do cliente e potenciando novas formas de criação de fontes de rendimento, ou seja, novos modelos de negócio.

Realizar um processo de Transformação Digital numa organização implica desenvolver um processo de autoconhecimento crítico e construtivo da própria organização. Nesse processo importa conhecer quais são os quatro pilares fundamentais da Transformação Digital:

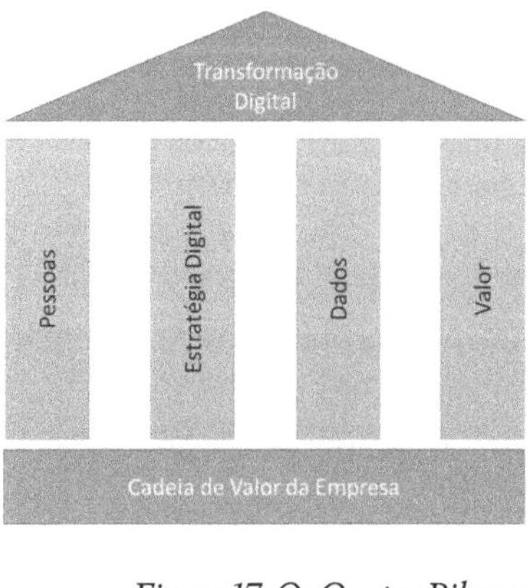

1. **Pessoas** – Clientes e os Efeitos de Rede
2. **Estratégia Digital** – Novos Modelos de Negócio
3. **Dados** – Tecnologia, Analítica e os novos Conteúdos
4. **Valor** – Criado e Percecionado

Figura 17: Os Quatro Pilares da Transformação Digital

Conhecê-los e aplicá-los à nossa organização é fundamental para o sucesso da execução da metodologia de implementação da Transformação Digital.

Pilar 1: Pessoas — Clientes e os Efeitos de Rede

A essência da existência de qualquer empresa está na existência (ou não) de clientes para adquirirem os seus produtos e serviços, bem como na forma como nos relacionamos e comunicamos com eles.

No século XX, o modelo de relação, comunicação e produção estava assente em estratégias de massificação dos produtos e serviços sobre o mercado de clientes. O conceito subjacente estava na consideração de um cliente passivo, sem verdadeiro acesso à informação para análises e escolhas, sendo, por isso, persuadido a adquirir. Tais pressupostos tinham como princípio o facto de que era essencial as organizações fazerem chegar aos clientes a informação fundamental sobre os seus produtos ou serviços. Ademais, consideravam grupos de clientes com as mesmas características e não cada cliente como um indivíduo único e com características próprias. Em termos práticos, todo o processo e fontes de inovação partiam das empresas (Rogers, 2011). O centro eram as empresas, pelo que estas "despejavam" os seus produtos e serviços, a sua marca e as suas mensagens de uma forma transversal, na esperança de alcançar, dentro de um grupo potencial, o conjunto de clientes que esperava por essas mensagens.

Os meios de comunicação tradicionais como a televisão, a rádio e os jornais funcionavam como meios ideais para fazer chegar as mensagens ao maior número de pessoas possível, com o intuito de fazer reagir e influenciar diretamente com compras dessas pessoas, transformando-se estas em clientes. Isto é, havia uma aposta clara nos ganhos de escala da comunicação que estes meios de comunicação tradicional traziam. Com efeito, a última metade do século XX correspondeu aos anos dourados da rádio e da televisão no mundo.

Mas a realidade é que o mundo mudou. O alargamento da internet ao cidadão comum, na década de 90 do século XX, trouxe o acesso à informação à distância de um clique. O fenómeno da Web 2.0[7], ocorrido após 2004, trouxe-nos a possibilidade de as pessoas produzirem conteúdos e interagirem diretamente entre si, através de *blogs*, *wikis*, redes sociais, entre outros. Tal permitiu que as pessoas, que são clientes de produtos e serviços, passassem a disseminar as suas opiniões, a solicitar recomendações e a partilhar referências das suas experiências, criando uma dinâmica própria e autónoma, colocando as empresas num papel mais passivo na promoção e influência direta da promoção. Isto é, o centro do processo de escolha deixou de ser a empresa, em particular no processo de comunicação ou produção em massa, para ser claramente um modelo de rede de clientes, a qual tem uma forma viral de comunicação, ou seja, dinamiza a multiplicação de mensagens na rede e em escala.

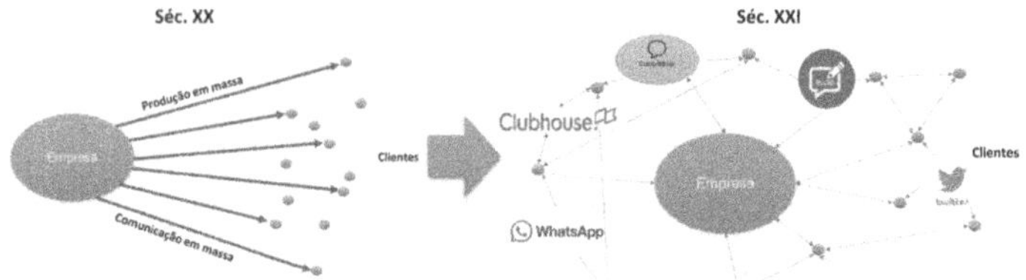

Figura 18: O Efeito Rede do século XXI (D. L. Rogers, 2011)

[7] Web 2.0 — «Web enquanto plataforma», envolvendo *wikis*, aplicativos baseados em *folksonomia*, redes sociais, *blogs* e Tecnologia da Informação. Ver: https://pt.wikipedia.org/wiki/Web_2.0.

O modelo de rede de clientes cria uma dinâmica de ligações crescente e de vida própria, pois os clientes passam a estar interligados entre si em diversas plataformas digitais, seja via grupos de WhatsApp, nas salas de conversas em tempo real no Clubhouse, na mensagem curta do Twitter ou no vídeo produzido, de forma mais caseira ou profissional, no YouTube. Em termos práticos, os clientes passaram a consumir não os conteúdos diretamente produzidos pelas empresas, mas os conteúdos produzidos por outros clientes, reconhecendo que são opiniões mais independentes e menos influenciadas pelo desejo natural de venda das empresas.

Adicionalmente, esta rede de comunicação passa a ter um papel adicional de inovação para as empresas. As necessidades dos clientes passam a ser do conhecimento público, trazendo consigo o descobrir de novas funcionalidades necessárias e formas de uso dos produtos e serviços. Isto é, as empresas passaram a dispor, em tempo real, de um laboratório de inovações, onde os clientes, numa escala elevada, passaram a ser atores primários no processo de inovação, desde o primeiro momento.

Neste sentido, as empresas passaram não apenas a criar valor no mercado, através da disponibilização dos seus produtos e serviços, mas passaram a ser também um ator no modelo de rede criado pelos próprios clientes. Esta situação coloca-as numa ação de observação elevada e intensa para procurar estancar rapidamente danos, quando há mensagens menos positivas, ou elevar ainda mais as mensagens, quando há uma dinâmica positiva de mensagens. Sabendo sempre, no entanto, que, nesse modelo de rede implantado, são atores com o mesmo poder de influência que um cliente-ator normal.

Pilar 2: Estratégia Digital — Novos Modelos de Negócio

Conforme referido, ao longo dos vários capítulos do livro, uma das realidades mais presentes que o mundo digital tornou mais clarividente foi a da forma como definimos e estruturamos o negócio das empresas. O ponto central tem de estar nos clientes e não nos produtos!

Um produto só surge quando determinamos a necessidade de um cliente, sendo que estas necessidades são dinâmicas e evolutivas, razão pela qual as funcionalidades dos próprios produtos carecem, igualmente, de evolução e, mesmo, de antecipação.

O mundo digital trouxe acesso facilitado a um conjunto de ferramentas tecnológicas (p.e. serviços em *cloud*), que agilizou esta contínua busca de identificação e antecipação de necessidades. O mesmo é equivalente a dizer que as barreiras à entrada de negócios baixaram, traduzindo-se numa maior concorrência de mercado, uma vez que não só as empresas estabelecidas têm acesso a essas ferramentas, como também as novas empresas que apareceram no mercado.

Assim, esta porta aberta criada pelo mundo digital, que eleva a concorrência e agiliza uma nova relação com os clientes em vários canais, agora digitais, obriga a uma reinvenção profunda de toda uma organização que se queira manter competitiva, nomeadamente ao nível dos seus modelos de negócio e dos vários recursos e competências que a suportam (humanos, financeiros, logísticos, entre outros). Os modelos de negócio tradicionais deixam de ser claramente eficientes e, na maioria das situações, tornam-se pouco eficazes. O cliente deseja interagir rapidamente com o produto ou serviço disponibilizado pela empresa, dispensando cada vez mais o tempo de espera da "ida à loja" para tocar no produto ou sentir o serviço. São vários os exemplos de criação de experiências cada vez mais digitais de imersão dos clientes, em vários canais, de acordo com a sua disponibilidade e contexto em cada momento (Barros, 2020), permitindo adequar experiências omnicanal ao processo de compra ou criando sensações ao cliente de "tocar ou ver" o produto ou serviço através de experiências que recorrem a tecnologias de realidade virtual (Rebelo *et al.*, 2012).

Acresce a este fenómeno o facto de ser cada vez mais importante para o cliente garantir que resolve todas as suas necessidades no momento em que está, num único ponto, de forma a evitar várias interações ou deslocações a diferentes interlocutores ou empresas. É hoje desejo de um cliente, quando compra uma casa, através do seu banco, ter o empréstimo, o seguro, a escritura, e até adquirir logo algum mobiliário ou eletrodomésticos. Igualmente quando compra um carro, no momento da compra, ter não só o carro, como também o seguro e financiamento. A variável digital aqui é que estes eventos podem ocorrer às 3h da manhã de um dia qualquer do ano, pois foi o momento que o cliente encontrou, na sua disponibilidade de vida, para realizar uma destas atividades de vida. Portanto, quer não só realizar estas ações à hora que lhe for mais conveniente, como também o deseja fazer à distância de um clique, num qualquer dispositivo móvel.

Desta forma, importa entender quem é o cliente da empresa, quais os momentos que procura para ultrapassar as suas necessidades e quais as evoluções de experiências que podem ser dadas, de forma que se tornem inesquecíveis e, portanto, sejam considerados eventos marcados ao máximo na sua memória — quem não se lembra onde estava no momento exato do ataque às Torres Gémeas, em Nova Iorque, ou, mais recentemente e sendo português, onde estava quando a seleção nacional de futebol foi Campeã Europeia? Se uma empresa conseguir dar ao seu cliente um momento, na entrega do seu produto ou serviço, inesquecível, será capaz de transformar um cliente em seu fã e, portanto, também um seu promotor.

O mundo digital trouxe consigo uma panóplia enorme de oportunidades de satisfação clara de necessidades, nas 24h disponíveis de um dia, ao contrário do mundo físico e no tradicional "das 9h às 17h". As empresas devem entender, em primeiro lugar, a tipologia de clientes e, em segundo lugar, a tecnologia disponível que podem potenciar e satisfazer necessidades dos vários momentos da vida dos clientes, dando o máximo de experiências inesquecíveis.

Para entender como se posicionar com um modelo de negócio digital, uma empresa e a sua liderança necessitam de conhecer e controlar quatro variáveis essenciais: matéria-prima na cadeia de valor, capacidade de transformar e entregar os produtos como um serviço, relação e interface com clientes e criação de uma rede de parceiros capaz de potenciar o efeito de rede.

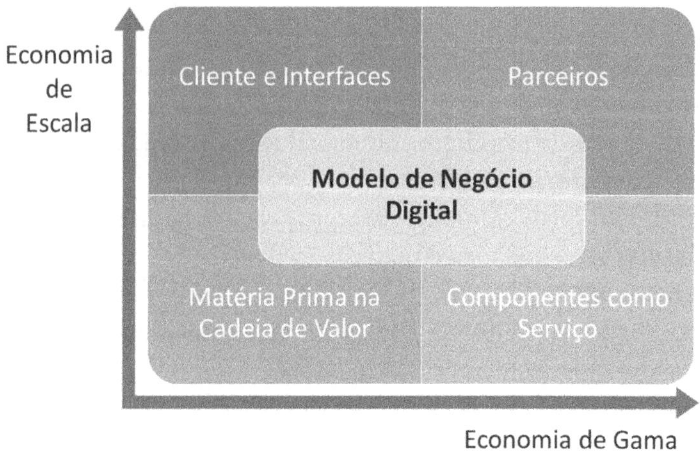

Figura 19: Framework de variáveis essenciais de controlo de Modelo de Negócio Digital do MIT CISR

Já o Centro de Investigação de Sistemas de Informação do MIT havia sistematizado um *framework* de Modelos de Negócio Digitais (Weill & Woerner, 2018) no qual trabalhava essencialmente uma empresa na escolha de um de quatro modelos de negócio: fornecedor, produto modular, omnicanal, *driver* no ecossistema. Contudo, a realidade é que o mundo digital potencia que uma empresa esteja de diferentes formas no mercado e ao mesmo tempo. O digital permite-nos não só ter economias de escala fundamentais na entrega de produtos como serviço, mas também economias de gama por permitir relações facilitadas omnicanal, isto é, a tecnologia permite que uma empresa, sem grande esforço adicional, disponha de vários produtos e serviços no mercado e crie enormes sinergias na produção e sua entrega.

Aquele *framework* ajuda a clarificar facilmente onde pode uma empresa posicionar-se digitalmente num primeiro momento, bem como entender as suas capacidades e ambições futuras no mundo digital, trabalhando em dois eixos:

- um eixo tem como princípio o ganho de escala na entrega ao mercado, isto é, a capacidade de ganhos de eficiência por aumento de vendas (maior eficácia). Traduz-se na diminuição de custos unitários como resultado da criação de sinergias entre os vários recursos e atividades inerentes ao aumento da sua utilização/rentabilização;
- o outro eixo foca-se na capacidade de obtenção de economias de gama, ou seja, na forma como reestruturamos em componentes o nosso produto ou serviço base, que podem ser de valor acrescentado em cadeias de valor existentes no mercado, ou seja, o facto de se poder aumentar o consumo do produto ou serviço como base complementar de outros produtos ou serviços de outras empresas ou da própria empresa.

Estas duas dimensões permitem dispor de um *framework* com **quatro variáveis de negócios** distintas, as quais são complementos à criação de capacidades de entrega e disponibilização de produtos e serviços:

- **Matéria-Prima na Cadeia de Valor**: o conhecimento e distância na cadeia de distribuição da matéria-prima necessária à entrega do produto ou serviço é fundamental. Entender que se a empresa faz panelas, está dependente de ferro e aço ou que se entrega um serviço online de venda de roupas, está dependente da disponibilidade de tecidos é crítico para avaliar riscos e compreender as dependências de podermos ou não escalar o negócio. Isto é, esta variável é fundamental para reconhecermos os factos essenciais do negócio e como poderemos diversificar e escalar uma operação.
- **Componentes como Serviço:** num mundo cada vez mais digital, a transformação de produtos como um serviço torna-se hoje cada vez mais fundamental. Podermos dispor da capacidade de entender que a empresa tem no seu portfólio de produtos (ou partes de produtos) valor acrescentado para outras cadeias de valor é crucial para ganhar diversidade na oferta ao mercado, mantendo a sua base produtiva. Isto é, estamos a falar da capacidade de disponibilizar produtos ou serviços em modelo *plug-and-play*, isto é, ter a capacidade de não ser apenas uma empresa B2C — *business to consumer* — e atuar também em mercado B2B — *business to business*. Este é um conceito similar ao Produtor Modular identificado por Peter Weill (Weill & Woerner, 2018), contudo não deve ser visto apenas "o produto" da empresa, mas uma oferta adicional da empresa. Por exemplo, a Renault, que é fabricante automóvel, fornece motores para vários veículos

da Mercedes ou, num modelo mais tecnológico de hoje, os fornecedores de PaaS — *Platform as a Service* —, como a Microsoft, a Google ou AWS, disponibilizam componentes de inteligência artificial, de autenticação, de tradução, de bases de dados, entre outros, para empresas como a Netflix, a Spotify, a Disney, entre outras, as integrarem nas suas aplicações ao mercado B2C.

- **Cliente e Interfaces**: disponibilizar experiências inesquecíveis aos clientes é o foco desta variável, independentemente do canal de interatividade através do qual o cliente interaja com a empresa. Saber criar viagens únicas, permitindo que o cliente inicie uma compra no website, valide dados na aplicação *mobile* e até possa finalizar a compra numa loja física é um enorme valor acrescentado. Um exemplo extraordinário é praticado pelo grupo Inditex, através das suas várias marcas como Zara ou Massimo Dutti, na experiência que dá aos clientes, nomeadamente na forma como permite a aquisição de produtos nos seus canais digitais, que podem ser depois experimentados, entregues ou devolvidos em loja física ou em casa do próprio cliente, além das notificações, por *e-mail* e SMS, de acompanhamento e apoio ao longo de todo o processo de compra (mesmo quando o cliente não finalizou a compra, apelando a um apoio e esclarecimento caso dele necessite para finalizar a compra).
- **Parceiros**: saber estar no mercado é compreender todo o ecossistema de parceiros. Trabalhar em *coopetition*[8] é fundamental para potenciar as ofertas, bem

[8] Ato de cooperar com concorrentes tendo em vista um objetivo comum, seja para I&D, redução de custos de um projeto, partilha de conhecimento geral, criação de mercados, entre outros.

como incorporar também eficiências de outros na nossa cadeia de valor (Brandenburger & Nalebuff, 2021). Importa, contudo, saber como e quando cooperar e competir, de forma a não destruirmos valor dessa estrutura. Um dos exemplos mais reais deste aumento de valor por *coopetition* é, por exemplo, a partilha de voos entre companhias aéreas. Se a este modelo acrescentarmos um ecossistema alargado e coordenado de empresas, dispositivos e clientes para criar valor para todos os participantes, o qual é o destino num domínio particular (como um *shopping*), incluindo complementaridade e, às vezes, produtos concorrentes, alcançamos o patamar próximo da perfeição. Ainda poucos conseguem chegar a este patamar, pois carecem de elevada maturidade digital da organização. A Amazon é provavelmente o caso mais profundo de controlo deste ecossistema de parceiros perfeito, desde a relação com fornecedores, controlo e produção de módulos digitais, tal como um nível elevadíssimo de disponibilização de conteúdos em diferentes canais físicos e digitais. De acordo com o estudo do MIT Sloan Center For Information Systems Research (CISR) (Weill & Woerner, 2018), é neste patamar que se alcançam as maiores margens de negócio, quer por economias de escala quer por economias de gama.

Perante estas variáveis e o reconhecimento das diferentes competências, fragilidades ou forças, a organização poderá definir o seu posicionamento e adotar modelos de negócio digitais mais adequados por produtos e serviços disponibilizados, podendo aí, através do suporte tecnológico, enquadrar o seu modelo de oferta e valor acrescentado ao mercado, onde se destacam:

- Serviço de subscrição — pagamento mensal sobre o consumo. Típico em produtos e serviços de conteúdos, *software* ou associações. Exemplos: Office 365 ou AWS.
- Modelo *freemium* — o cliente tem acesso a uma versão simples e limitada em funcionalidades sem qualquer custo, sendo que soluções mais empresariais e de valor acrescentado têm um custo de acesso. Exemplo: Spotify.
- *On-demand* — o consumo de um produto ou serviço de acordo com o tempo e quantidade consumida, de acordo com um portfólio disponibilizado. São exemplos o acesso a trabalhos de consultoria, a trabalhos específicos técnicos. Exemplo: Estudos de analista Gartner.
- *E-Commerce* — o consumo do produto ou serviço recorre à aquisição direta online, podendo ser disponibilizado numa plataforma da própria empresa ou num *Marketplace* B2C ou B2B "tipo Amazon". Aqui existem variantes, desde plataformas *peer-to-peer*, que ligam e permitem realizar transações diretamente entre consumidores e produtores, ou em *marketplaces* de ecossistemas de um produto ou tecnologias, onde os consumidores podem adquirir vários produtos ou serviços de vários produtores. Exemplo: Amazon, Fnac.

Pilar 3: Dados — Tecnologia, Analítica e os novos Conteúdos

Muitos já terão ouvido a frase "Os dados são o petróleo do século XXI" ou visto algumas capas de revistas nacionais e internacionais que nestes últimos anos têm dado destaque ao tema dos dados e seu impacto no mundo, como a do *The Economist* (The Economist, 2017), pois as organizações que melhor souberem extrair e usá-los na era digital irão certamente criar mais riqueza e garantir vantagens competitivas.

Figura 20: Capa do The Economist em maio de 2017

Nesta temática há duas pessoas que se destacam, pois muito antes do tema Dados ser reconhecido como estratégico para as empresas identificaram-no como possível *game changer* da competitividade empresarial: Michael Porter e Bill Gates.

Em 1985, Michael Porter, no seu artigo "How Information Gives You Competitive Advantage" (Porter & Millar, 1985), refere explicitamente que a revolução da informação está a atravessar toda a economia. Já em 1999, Bill Gates, no seu livro *Business @ the Speed of Thought: Succeeding in the Digital Economy* (Gates, 1999), afirma que será "como você reúne, gere e usa informação que será determinante na forma como ganhará ou perderá o jogo dos negócios".

Estas duas referências são confirmações da grandeza de pensamento que ambos têm na visão e perceção do mundo em que vivemos atualmente, mas, acima de tudo, na capacidade de visão de futuro da realidade que não era clara há mais de 20 e 30 anos atrás. Reparem que estas frases não foram ditas hoje, mas há várias décadas atrás, quando os computadores pessoais estavam a dar os primeiros passos, no caso de Michael Porter, ou quando a Internet tinha quase acabado de se tornar uma base de trabalho no mundo, no caso de Bill Gates.

De acordo com alguns relatórios de análises do mundo digital, como o "Digital Economy Compass" da Statista (Armstrong, 2019), onde é vísivel a curva exponencial de crescimento da produção anual de dados digitais no mundo: 2 *zettabytes* (Zb) em 2010, 47 Zb em 2020, 612 Zb em 2030 e 2142 Zb em 2035.

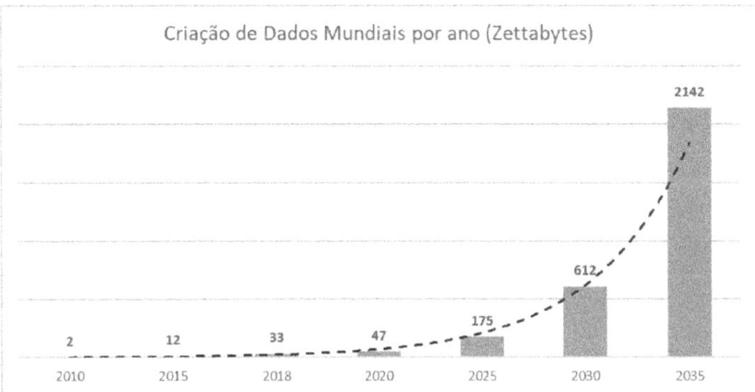

Figura 21: Dados de Crescimento de Dados Mundiais — Statista 2019

Para que um leitor tenha uma ideia física do que representam estes dados, existe uma analogia utilizada de que 1 *terabyte* (Tb) é o equivalente a 3 300 000 livros de 200 páginas, pelo que 1 *zettabyte* (Zb) são 1 073 741 824 de *terabytes* (dá muitos livros!). Há quem diga também que é o equivalente a 281 triliões de ficheiros de áudio mp3.

A explosão de dados começa ao nível operacional, por razões de negócio, em particular pelo aumento exponencial de conteúdos digitais e pelas necessidades mais complexas de integração de dados. Os fatores que contribuem estão assentes em dados financeiros, sensorização (RFID — radio frequência/IoT — *Internet of Things*), requisitos de regulação/*compliance* dos vários mercados, mensagens de e-mail e *Instant Messagings*, dados não estruturados (imagens, voz, vídeo), aumento da capacidade de Processamento (medido em FLOPS — *floating point operations per second*), aumento de largura de banda e decréscimo de preços de dispositivos. Isto é, há muita dinâmica operacional de negócio que tem permitido elevar a produção e a análise dos dados.

Este crescimento exponencial de dados e o seu armazenamento suportam o conceito de gestão e armazenamento denominado por *Big Data* nas empresas. Este conceito assenta em 5 Vs:

- Volume — escala de dados produzida atualmente, que se traduz na enorme quantidade de dados armazenados pela empresa;
- Velocidade — rapidez na atual produção de dados, muito induzida pelo mundo digital, em particular, pela global sensorização de "tudo";
- Variedade — complexidade de modelos semânticos existentes de dados estruturados (bases de dados relacionais) e não estruturados (vídeos, imagens, ficheiros, entre outros);
- Valor — capacidade de traduzir dados em informação e conhecimento, de acordo com os eventos e processos existentes;
- Veracidade — consistência (ou certeza) dos dados, que reflete a confiabilidade estatística, garantindo-se que os dados usados são confiáveis, autênticos e protegidos.

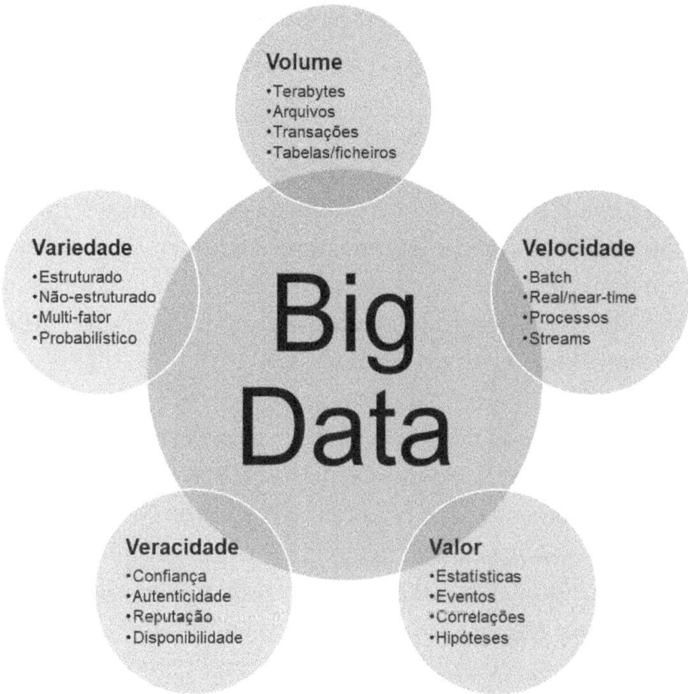

Figura 22: Os 5 V's de Big Data (Demchenko et al., 2013)

Alguns exemplos práticos do uso de *Big Data* em sectores de atividade são:

- **Saúde**: *tracking* em tempo real de dados vitais dos pacientes. P.e. usando os próprios dispositivos dos pacientes para armazenar os dados localmente e depois partilhá-los (riscos de segurança e privacidade);
- **Media**: plataformas de música online *on-demand* que coletam os dados dos utilizadores e os usam para fazer recomendações individuais. P.e. Spotify e Apple Music;
- **Financeiro**: plataformas de deteção de branqueamento de capitais, que analisam em tempo real as

transações financeiras para deteção de atividades suspeitas e ilegais.

Esta análise de dados tem sido um diferenciador no mundo dos negócios. São vários os casos de empresas que se destacaram mundialmente da concorrência porque investiram na procura de dados, para obterem informação, cultivarem o conhecimento e alcançarem a sabedoria, conforme os princípios da Hierarquia de Conhecimento já apresentados no capítulo anterior do livro.

A Nike, que no final dos anos 90 não era líder de mercado, tem hoje uma posição de liderança destacadíssima no mercado e reconhece, por exemplo, que ao trabalhar dados diretamente consegue hoje ter os membros NikePlus, que compram três vezes mais nas aplicações móveis que os clientes tradicionais da Nike.com. De referir que a Nike tem atualmente cerca de 300 milhões de membros NikePlus, significando isso receitas e benefícios diretos como empresas e como satisfação de clientes. O trajeto que a Nike tem realizado é, essencialmente, analisar toda a cadeia de distribuição e procurar alcançar um modelo de relação (quase) direta com os seus clientes, por isso as suas mais recentes aquisições têm sido empresas tecnológicas na área de dados, em particular a plataforma de analítica de dados Zodiac (março 2018), a empresa israelita de *computer vision* Invertex Ltd, que hoje é o serviço Nike Fit (abril 2018), a empresa de analítica preditiva Celect (agosto 2019) e a *start-up* de plataforma de integração de dados Datalogue (fevereiro 2021). O número de posições de recrutamento na Nike com a palavra-chave "Data", tais como "Data Governance", "Data Scientist", entre outras, em todo o mundo, em maio de 2021, era de 456, traduzindo o forte investimento desta área na estratégia e na operação diária da empresa. De referir, por fim, e como demonstração de uma efetividade dos resultados diretos da estratégia desenvolvida nas últimas duas décadas, que, em janeiro de 2000, uma ação de bolsa da Nike valia 4,95 dólares, sendo que em julho de 2021 vale mais de 160 dólares, o que equivale a uma valorização superior a 30 vezes.

A Nike não é a única. Outro caso de transformação digital baseada em dados é, por exemplo, a forma como a Weather.com, hoje uma divisão da IBM, se reposicionou como parceiro de negócio de análises e correlações em muitos sectores de atividade, como na agricultura, no retalho, entre outros, quando percebeu que as receitas publicitárias haviam desaparecido porque ver meteorologia em direto na televisão já não era uma realidade. Outra realidade é a transformação do *The New York Times* (NYT), que tem hoje mais receitas digitais do que o seu mercado tradicional, apenas porque entendeu o negócio de *media* digital e soube trabalhar um modelo direcionado às notícias das comunidades dos seus leitores. O NYT criou uma equipa tecnológica na organização capaz de realizar análises comportamentais de subscritores, otimizar toda a sua logística, direcionar ativamente a publicidade, desenvolver melhor as realidades de audiências e promover adequadamente os seus editores.

São muitos os casos que, bem analisados, entendemos que passámos da Era da Informação para a Era da Predição. Nos anos 80 e 90, as empresas estavam a começar a enfrentar o problema da criação de dados e a obter informações. Atualmente, os dados e informação são já considerados *commodities*, pelo que os decisores necessitam de fazer *upgrade* da sua informação e dos ecossistemas digitais para obter conhecimento e sabedoria.

Vivemos assim numa fase da chamada Ciência dos Dados, que se pode traduzir na ciência que utiliza a computação, a estatística e *machine learning*, visualização e interação humano-máquina para recolher, limpar, integrar, analisar, visualizar e interagir com dados para criar produtos de dados.

Em termos práticos, a Ciência dos Dados é o processo de apoio à tomada de decisão que traduz a maturidade e capacidade de conhecimento dos dados das empresas, ou seja, a capacidade que as empresas têm implementada, nos seus sistemas e processos, de realizar Análises Descritivas, Preditivas e Prescritivas.

Figura 23: Maturidade analítica e suas questões

A maturidade reflete-se em ser-se capaz, ou não, de responder às questões "O que aconteceu?", "O que vai acontecer?" ou "Como é que poderemos fazer com que aconteça?", ou seja, no grau de fazer análises históricas, previsionais ou mesmo induzir o futuro. Qual o estado em que a sua organização se encontra?

Pilar 4: Valor — Criado e Percecionado

De forma a entender-se este quarto pilar da Transformação Digital importa, antes de mais, definir o conceito do que é um "Valor" para o mundo empresarial. Tendo por base várias referências bibliográficas, consideramos que há uma base comum na qual se pode definir "Valor" como a entrega de um benefício, que pode ser técnico, económico, social ou de um serviço, através de uma transação realizada, em modelo monetário ou não, sobre uma oferta de mercado.

Ora, neste contexto, importa complementar com o conceito de "Proposta de Valor". Um cliente, para estar disponível a realizar uma transação por algum produto ou serviço, tem de entender que tipo de valor uma empresa lhe está a entregar. Assim, uma empresa, para ser sustentável no mercado, precisa de definir claramente uma oferta exclusiva e percecionável para o seu segmento de clientes potenciais. De notar que uma proposta de valor inovadora pode até expandir o próprio mercado de clientes. Um exemplo simples de entender deste conceito de expansão de mercado é o do *tablet* da Apple iPad. Quando a Apple iniciou a sua comercialização, os clientes nem sabiam que queriam *tablets*, pelo que, na realidade, a Apple foi capaz de criar uma nova procura ou de criação antecipada da necessidade, expandindo um mercado subjacente de equipamentos eletrónicos.

Ao contrário das cadeias de valor, que estão focadas essencialmente nas estruturas de eficiência interna das operações, as propostas de valor estão focadas no lado do cliente, isto é, no lado da procura.

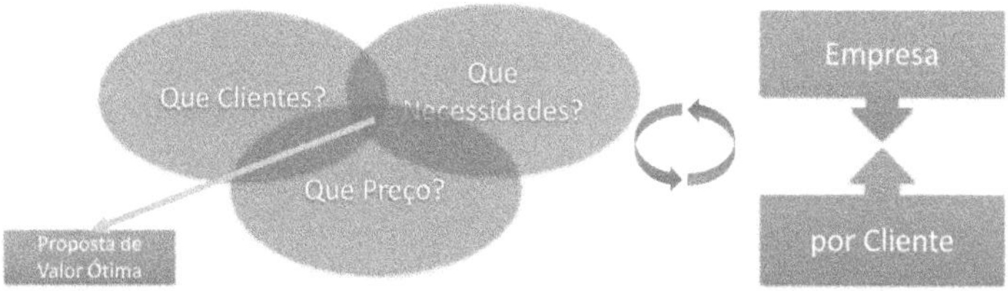

Figura 24: Questões estratégicas na definição de Proposta de Valor (adaptado de Institute For Strategy And Competitiveness — Harvard Business School, 2021)

É nesse enquadramento que importa responder a estas três questões fundamentais diferenciadoras, que são realizadas enquanto empresa global e depois por cliente:

- Que Clientes?
    - Identificar os Tipos de Clientes-Chave por valor recebido
- Que Necessidades?
    - Definir o Valor para cada cliente
    - Avaliar os elementos que criam valor e quais as oportunidades e ameaças que aumentam ou diminuem o valor
    - Detetar novas fontes e elementos para potencial aumento de valor no futuro
- Que Preço?

Estas questões garantirão que na sua intersecção estará o ponto ótimo a entregar pela empresa, através do produto ou serviço, ao mercado. Toda e qualquer falha nesta entrega significa um desalinhamento das expectativas do mercado, isto é, uma má perceção entre o desejo de saciar uma necessidade e o conjunto de funcionalidades entregues pela empresa. Dá-se, assim, um choque entre a perceção criada e a realidade obtida, ou seja, um desalinhamento entre a expectativa e o produto ou serviço fornecido.

Acresce que para uma empresa se manter em atividade, além destas respostas sobre a definição de Valor e sua proposta, carece de ter uma rotina contínua interna de reavaliação da sua proposta de valor ótimo para garantir que se mantém relevante no mercado, isto é, procura garantir a contínua procura por parte dos seus clientes e identificar as ameaças emergentes.

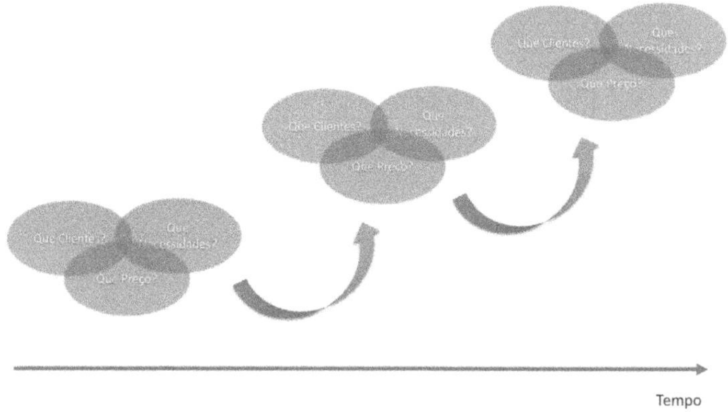

Figura 25: Evolução contínua de Proposta de Valor

A introdução da variável digital não muda os contextos referidos, apenas os acelera, por aumentos de eficiência e eficácia, e cria novas propostas de valor baseadas em informação, acarretando com isso uma nova gestão e cultura empresarial.

Para empresas baseadas em ativos tangíveis, ao contrário de empresas baseadas em intangíveis, como as empresas de *software*, estes novos modelos de gestão baseados em gestão de informação obrigam a uma agilidade, adaptabilidade e aceleração de processos de oferta a clientes que até aqui não tinham, o que cria, em diversas situações, um choque elevado e abrupto. É por isso que nestes casos o processo estratégico de transformação digital tem de ser conscientemente mais lento quando comparado com o de empresas 100% digitais, as quais mudam as ofertas a clientes "no momento", se necessário.

O digital exige abordagens inteiramente novas para imaginar, projetar, entregar e servir essas novas propostas de valor. Consequentemente, a transformação organizacional não pode ser rápida (Ross, 2018).

Em conclusão, neste mundo digital as propostas de valor mudaram essencialmente nos seus princípios estratégicos, conforme mostra a tabela seguinte (Rogers, 2016):

Do analógico	Para o digital
Proposta de valor do sector	Proposta de valor definida pelas necessidades dos clientes
Executar a proposta de valor atual	Identificar novas oportunidades de valor para o cliente
Otimizar o modelo de negócio tanto quanto possível	Evoluir antes que sejamos obrigados, para nos mantermos "à frente"
Avaliar a mudança em como tal tem impacto no negócio atual	Avaliar a mudança em como podemos criar o próximo negócio
O sucesso do mercado permite complacência	"Apenas o paranoico sobreviverá"

Tabela 1: Mudanças do analógico para o digital (Rogers, 2016)

A metodologia

O caminho para a transformação digital numa empresa não se faz ao acaso. A aprendizagem da aplicação em projetos reais, com sucessos e insucessos de tarefas executadas, trouxe uma estruturação de melhores práticas e de conhecimento, traduzindo-se assim em sistematização real e metodológica.

O uso de metodologias de projetos de implementação de Transformação Digital em empresas permite não inventar "rodas já inventadas", sabendo que cada caso é um caso e que o *framework* de qualquer metodologia deve ser adaptado à realidade concreta da empresa em causa. A proposta de metodologia aqui apresentada tem por base não só a prática, mas também a agregação de processos de outras metodologias existentes no mercado. Desta forma, pretende-se sistematizar de forma pragmática, não densa, o uso de guias de implementação o mais próximo de um mundo real e não teórico.

A Empresa Digital Inteligente

Comecemos então pela visão estrutural do objetivo conceptual de criar uma empresa digital inteligente, na qual a base Dados-Informação-Conhecimento-Sabedoria, já abordada no capítulo anterior, deve suportar toda uma atividade contínua de melhoria dos processos de negócio, os quais têm subjacente a produção de bens ou a entrega de serviços.

Conforme a imagem seguinte, a empresa integra-se em contextos globais ou externos, trabalhando diretamente num contexto de negócio e sendo afetada fortemente por contextos tecnológicos, os quais afetam diretamente a sua competitividade. Já internamente, o seu "motor" de processos assenta num conjunto de infraestruturas, recursos, parceiros e tecnologias, para então realizar a entrega da sua proposta de valor ao mercado.

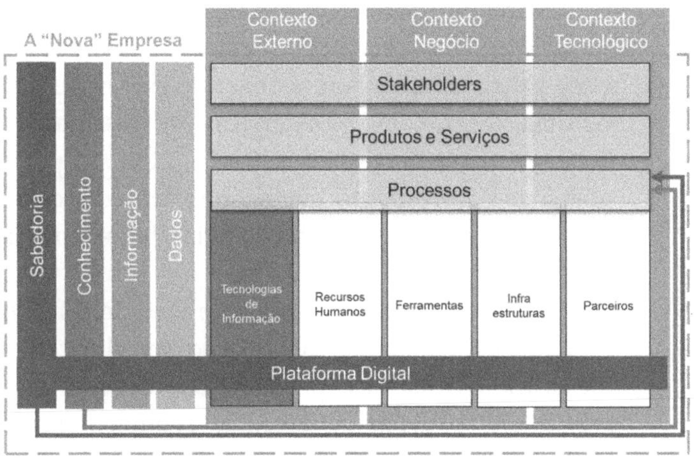

Figura 26: A Empresa Digital Inteligente

A principal diferenciação desta "Nova" empresa é que, além de dominar a tecnologia, aplica diretamente o Conhecimento e a Sabedoria em modelos de eficiência e eficácia no seu dia-a-dia de atividade, ou seja, nos seus processos de negócio que geram novos Dados e Informação operacional, capazes de serem analisados com o novo conhecimento gerado e estruturados novos modelos preditivos de antecipação de comportamentos de mercado.

Mas para chegar aqui e a este nível há três fases fundamentais, que importa realizar (Rogers, 2016):

- Fase 1 — Construir a "largura de banda"
  Esta é a fase que podemos simbolizar como o trajeto Lisboa-Porto seja rápido, podemos dizer que são precisas boas estradas ou linha de comboio rápido ou aeroportos ágeis operacionalmente.
  Neste caso, estamos a afirmar ser essencial desenvolver e dominar toda uma infraestrutura tecnológica base e concretizar uma arquitetura tecnológica modular e escalável que permita a interligação com os vários *stakeholders*/intervenientes da empresa. Aqui não há necessidade de realizar investimentos elevados e tudo de uma só vez, como se a empresa estivesse na liderança da eficiência digital no dia seguinte. Importa, acima de tudo, garantir que há uma definição estruturada da arquitetura de Tecnologias de Informação e Comunicação (Estratégia TI).
- Fase 2 — Automatizar a fábrica, o escritório, o fornecimento, os colaboradores, a relação com clientes
  Nesta fase, há uma busca por começar a usar as infraestruturas, ou seja, dar uso à tecnologia implementada. Importa de facto usá-las, sistematizando e normalizado a forma de uso e de execução de processos, para que, a pouco e pouco, haja a automatização de atividades repetitivas, realocando os recursos humanos para atividades de maior valor acrescentado e de maior necessidade criativa.

- Fase 3 — Inovação digital
  Depois de "sabermos andar de bicicleta" entramos na fase de acelerar, criando não só o domínio sobre a tecnologia, como entendendo como a mesma pode potenciar novos modelos de negócio. Aqui, desenvolvem-se novos produtos ou serviços, desenvolvem-se novas formas de entrega e de interação omnicanal, posicionam-se e agilizam-se ciclos de produção de acordo com o mercado ou o cliente.

Em termos práticos, estas três fases alteram o modelo nas empresas modernas, obrigando as empresas a ganhar velocidade e agilidade internamente e de forma contínua, envolvendo (Olanrewaju & Willmott, 2013):

- Controlo de gestão integral e ambicionando o "tempo real";
- Entendimento aprofundado da experiência do utilizador;
- Inovação de produtos e serviços, nomeadamente produtos digitais e cocriando novos produtos;
- Uso de modelos de *Inbound* marketing e vendas integradas com o digital, capazes de aumentar os tradicionais canais;
- Integração automatizada das operações e da cadeia de abastecimento, gerindo os processos de forma virtual;
- Otimização do risco da operação integral, através de foco alcançado com melhores *insights* de clientes e controlo automatizado de processos.

Visto desta forma, estamos aparentemente perante um caos na governação do mundo digital da empresa, mas na realidade "a governação digital é uma disciplina que se concentra no estabelecimento de uma clara responsabilidade pela **estratégia, política e padrões digitais**. Um quadro de governação digital, quando efetivamente projetado e implementado, ajuda a **agilizar o desenvolvimento digital e a reduzir os debates** em torno da "propriedade" do canal digital." (Welchman, 2015).

O *Framework* de Transformação Digital

Antes de mais, importa entender que a implementação de uma estratégia de Transformação Digital fecha o *gap* entre o negócio e a tecnologia, fazendo pontes entre estas duas componentes essenciais à atividade e desenvolvimento de uma empresa.

Deve destacar-se também um pressuposto essencial, quando: a prevalência está sempre na liderança no negócio e não na tecnologia, isto é, não pode existir qualquer projeto tecnológico/digital sem que exista uma razão válida de negócio que o justifique: mais receita, menos custos, lançamento de produto ou serviço, aplicação de testes de inovação, entre outras.

Figura 27: Alinhamento de Estratégias (adaptado de IDC DX Accelerated Pathways — IDC, 2022)

Tendo isto por base, o primeiro passo a realizar será o da empresa definir sempre a sua estratégia de negócio. É nesse documento que devem ficar definidos globalmente quais os mercados, os grandes projetos, a estrutura, os produtos ou serviços, os modelos de negócio, entre outros, que a empresa seguirá num período delimitado no tempo, e que tipicamente será um período de três a cinco anos (dependente do sector de atividade).

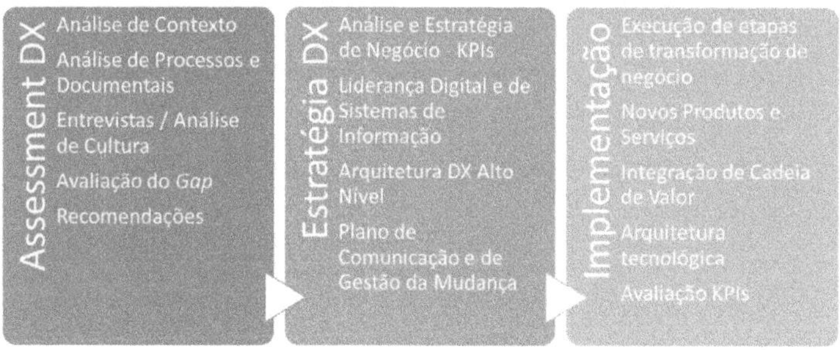

Figura 28: Framework de Transformação Digital

O *Framework* de Transformação Digital que se apresenta tem três grandes etapas:

- ***Assessment* DX** — etapa essencial para o autoconhecimento base da empresa, onde se analisa um conjunto de variáveis associadas ao Contexto e Processos da Empresa, nomeadamente:
  - Estratégia e Governação;
  - Organização e Colaboração;
  - Experiência de Cliente e de Uso;
  - Tecnologias e Plataformas;
  - Informação e *Reporting*;
  - Inovação e Crescimento;
  - Segurança e Privacidade.

> Para tal, é típico realizar Entrevistas a vários níveis da organização, de forma a ter uma primeira expectativa de diferencial (*Gap*) de necessidades, permitindo desde logo apresentar um conjunto recomendações fundamentais para a empresa de poder assumir o arranque de uma estratégia de Transformação Digital.

Neste capítulo, detalha-se o conjunto de atividades desta etapa do *framework*, sendo que disponibilizamos aos nossos leitores a possibilidade de receberem um mini-relatório sobre a sua empresa[9].

O resultado será apresentado num mini-relatório gráfico da seguinte forma:

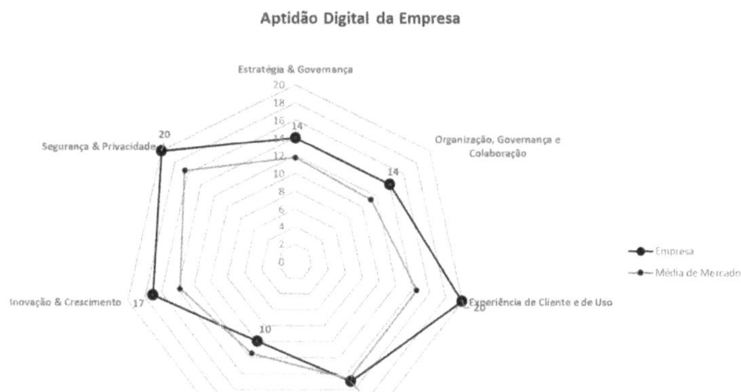

Figura 29: Relatório Gráfico exemplo de Assessment Digital

[9] Formulário disponibilizado em http://bit.ly/introdigitalvalueassessment.

Tempo médio estimado da etapa: seis a oito semanas.

- **Estratégia DX** — esta etapa da metodologia pressupõe que a empresa tenha uma base clara de estratégia do seu negócio, bem como reconhece as suas forças e fraquezas, identificadas na etapa anterior de *Assessment* DX. É nesta etapa que se estrutura por completo a Estratégia Digital, pelo que são tarefas desta etapa:
    - sistematizar os principais indicadores de gestão de negócio, de forma a garantir o seu alinhamento digital futuro;
    - identificar claramente o modelo de liderança e governo, bem como os KPIs — *key performance indicators* — das iniciativas digitais;
    - sistematizar uma arquitetura alto nível de suporte às iniciativas digitais;
    - estruturar modelos de comunicação internos e externos à organização, capazes de garantir uma visibilidade das iniciativas digitais, tal como garantir um adequado processo de transição digital interno.

Tempo médio estimado da etapa: seis meses.

- **Implementação DX** — esta é a etapa da execução e controlo da estratégia definida. Será nesta fase onde a realidade do "terreno" e a teoria da estratégia se encontram diretamente, isto é, é nesta fase que se:
    - executam as atividades definidas na etapa anterior da metodologia;
    - detalha e evolui o plano de execução estratégico definido;

- o sistematiza o processo de criação e desenvolvimento de novos produtos e serviços;
- o integra a atividade digital e de Sistemas de Informação no dia-a-dia da empresa, criando uma cadeia de valor de nova geração;
- o aplica o alinhamento da arquitetura digital com a estratégia de Tecnologias de Informação, isto é, implementa-se toda a arquitetura tecnológica de suporte à estratégia de negócio e digital.

É fundamental o acompanhamento durante o período de implementação estratégica, razão pela qual se realiza de forma contínua a análise da evolução dos KPI de todo o projeto estratégico de Transformação Digital.

Tempo médio estimado da etapa: três a cinco anos.

Recomenda-se a visualização do anexo do livro, o qual apresenta em maior detalhe a etapa de *Assessment* DX do *framework*.

7
CONCLUSÃO

Conforme foi patente da leitura deste livro e da vivência prática pessoal e profissional no dia-a-dia, a evolução tecnológica tem permitido ao mercado empresarial ganhar várias eficiências e eficácias nos seus processos de negócio. Desde logo, é relevante destacar os desafios que um gestor tem nestas novas dinâmicas da atividade nos mercados, em particular o seu papel de liderança que o digital tem incorporado, reconhecido como um dos fatores fundamentais associados à maturidade digital das empresas (Kane *et al.*, 2019).

De referir que a liderança no digital não difere em grande medida da liderança como até aqui a conhecemos. A principal diferença é que estamos perante um novo ecossistema, trazendo também inseguranças aos gestores e líderes empresariais, principalmente pelo desconhecimento sentido quando estão perante algo novo e sem experiência passada e lhes é exigido clarificar e apontar o caminho para ultrapassar os novos desafios. Desta forma, e conforme apresentado neste livro, importa aprender de forma continuada e com as boas práticas existentes, destacando-se o modelo claro de partilha de conhecimento *SenseMaking*, o qual garante um modelo de liderança de equipas com competências dinâmicas convergentes com o contexto específico de um projeto ou desafio, ao invés das tradicionais estruturas mais hierarquizadas, baseadas em transição de comunicações entre o técnico, que sabe do tema, e a chefia, que está diretamente envolvida na equipa de projeto transversal. Esta cultura, de partilha e de reunião de conhecimento, deve partir do líder, que deve dar capacidades aos vários interlocutores da sua equipa de gestão para organizarem equipas multidisciplinares e de diversidades de conhecimentos, com a agilidade de resolver rapidamente os problemas e os projetos, independentemente do seu nível hierárquico na organização, minimizando os egos individuais e maximizando a criação de equipas.

Estamos perante a criação de um novo modelo de gestor, o qual, além das competências base de gestão, finanças, recursos humanos, logística, carece de adquirir competências técnicas de gestão de sistemas de informação, de estruturação de arquiteturas tecnológicas, de avaliação de impactos de tecnologias disruptivas e de potencial de negócio digital aplicado à sua atividade, ao qual acrescem competências sociais, de organização e de criatividade, cada vez mais fundamentais na criação de coletivos, não descurando o indivíduo e o foco no alcançar do objetivo. Mais do que o investimento em *soft skills*, estamos a transitar para este novo paradigma das *power skills*, que se traduz neste fenómeno de alicerçar as capacidades técnicas a capacidades humanas, emocionais com as equipas e criativas perante os novos desafios da era digital (Anabela Chastre *et al.*, 2018).

É percetível que o mundo se tornou mais digital, mais rápido e mais competitivo. Nenhuma empresa vive hoje se não tiver uma base de tecnologia sobre os seus processos e a apoiar as suas equipas, alavancado com a capacidade criativa humana.

A liderança empresarial tem de garantir a contínua e evolutiva competitividade, sabendo equilibrar o que é a atividade diária operacional com ciclos contínuos de inovação. Mas isso só é possível se entendermos o que é Transformação Digital e, em particular, começando por saber o que não é Transformação Digital, tal como detalhado no Capítulo 4 "Transformação Digital — O que é e o que não é" deste livro.

Tal como há muitos problemas que não se resolvem apenas com mais dinheiro, também não é certamente com o "despejar" de tecnologia em problemas nos processos existentes dentro da empresa que ficaremos com uma empresa transformada digitalmente.

Por isso, importa garantir uma estratégia e uma visão digital de quem lidera, entendendo que deve partir de uma base de análise dos processos e das pessoas com as tecnologias de hoje, redesenhando como se tudo se iniciasse hoje. Definir esse ponto como objetivo e caminhar para lá, assumindo frontalmente o que está menos bem atualmente e tendo coragem de avançar. Fazer, errar rápido e aprender.

Ou seja, quando nos propusemos neste livro a definir os desafios, também nos propusemos a ajudar a pensar e a fazer, com realidade e suporte científico e prático, uma vez que existe uma grande diferença entre as teorizações e as implementações. Foi por isso que procurámos suportar as informações com dados e conhecimento prático da realidade empresarial vivida, complementada com investigação desenvolvida pela comunidade científica, de forma a propormos uma metodologia simplificada e adaptada à realidade da dimensão de muitas pequenas e médias empresas, que são a maioria do tecido empresarial do mundo.

Esta metodologia assenta fortemente no conceito da nova Empresa Digital Inteligente que sabe reconhecer a importância dos dados disponíveis, seus e do seu ecossistema, trabalhar e sistematizá-los num processo capaz de os transformar em informação no presente e, ao longo do tempo, adquirir conhecimento capaz de otimizar procedimentos internos e de relação com o mercado, nomeadamente com os seus clientes. Se a este processo incorporarmos tecnologias disruptivas, como a Inteligência Artificial e as suas matérias avançadas como *Machine Learning* e *Deep Learning*, incorporam-se mecanismos preditivos de antecipação e modelação do futuro do negócio, controlando-se, assim, melhor os recursos a alocar e a otimizar na empresa.

E fazer este processo de criação de uma empresa digital inteligente carece de uma metodologia sistematizada e estruturada, como detalhamos no final Capítulo 6 do livro, "O *Framework* para a Transformação Digital". Esta metodologia tem, desde logo, uma atividade essencial, autoanálise crítica de reconhecimento da sua maturidade digital *versus* o restante tecido empresarial, que pode ser analisado *versus* o seu sector de mercado, os principais concorrentes e o mercado em geral.

Aplicar esta metodologia, ou mesmo outra, não obriga a que uma empresa disponha de todos os recursos e *know-how* para o fazer internamente, mas deve, pelo menos, ter a humildade de pedir ajuda para crescer. Não existe ninguém que seja especialista em tudo. Conforme explicamos no Capítulo 5, na seção "O novo CIO: o quase super-herói da Marvel", não há pessoas mágicas, mas há equipas internas e externas capazes de apoiar o crescimento e trazer inovação de fora para dentro também. Modelos de incorporação de inovações externas, como o *Open Innovation* (Chesbrough, 2005), que são capazes de apoiar na incorporação e identificação de tecnologias existentes aptas à nossa realidade ou ao desenvolvimento e adaptação de processos externos ao nosso negócio, ou cooperando também com concorrentes em prol de um objetivo comum (*Coopetition*, 2010), são exemplos claros e bastante usados de como não fazemos tudo sozinhos, partilhando e discutindo ideias se consegue alcançar melhor os objetivos pretendidos numa estratégia.

Uma empresa competitiva é de facto uma empresa que se transforma diariamente e digitalmente. Um líder do século XXI não pode apenas entender como fazia o seu negócio no passado. Tem de entender como será o seu negócio digital no futuro.

Mais do que escrever um livro, esperamos ter ajudado à discussão interna nas empresas sobre a sua ambição e a sua estratégia de negócio, que devem estar em constante avaliação, em particular, assegurar que haja uma clara consciência que tudo parte das equipas de liderança estratégica e operacional. São elas que necessitam, em primeiro lugar, de se tornarem mais competitivas e adaptadas aos novos desafios de um mundo cada vez mais (dependente) digital, de forma a também liderar, e não chefiar, as empresas nestes novos mundos digitais (quase) desconhecidos.

É preciso correr, disso não existem dúvidas! Cada vez melhor (não necessariamente mais rápido), mas é preciso saber para onde...

ANEXO I

Etapa de *Assessment* DX do *Framework* de Transformação Digital

Neste anexo, apresenta-se, de forma simplificada, o conjunto de atividades desenvolvidas da etapa inicial de *Assessment* DX da metodologia de Transformação Digital apresentada no Capítulo 6 do livro.

Âmbito

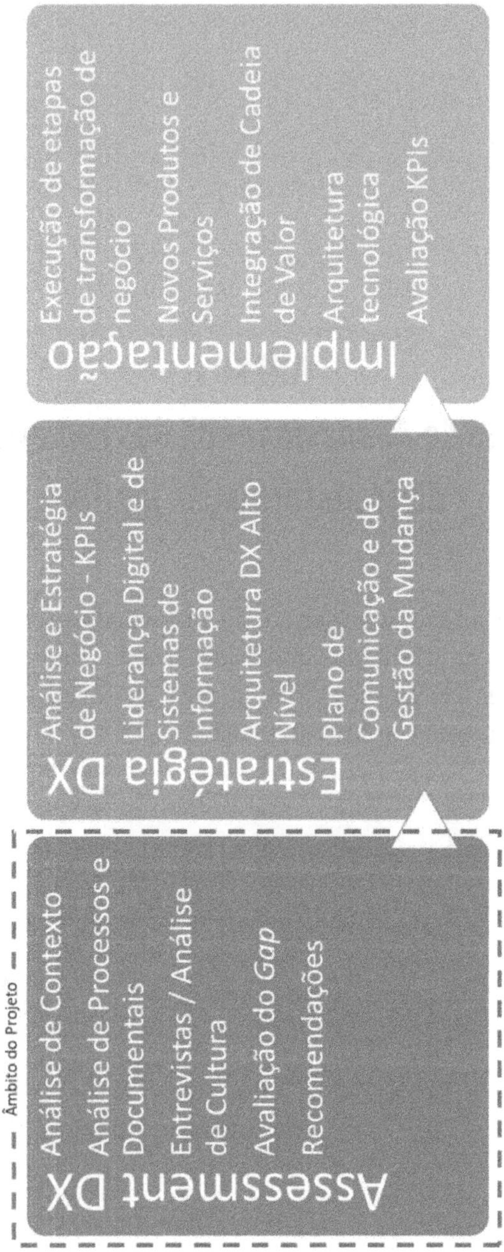
Âmbito do Projeto
Assessment DX
Análise de Contexto
Análise de Processos e Documentais
Entrevistas / Análise de Cultura
Avaliação do *Gap*
Recomendações
Estratégia DX
Análise e Estratégia de Negócio - KPIs
Liderança Digital e de Sistemas de Informação
Arquitetura DX Alto Nível
Plano de Comunicação e de Gestão da Mudança
Implementação
Execução de etapas de transformação de negócio
Novos Produtos e Serviços
Integração de Cadeia de Valor
Arquitetura tecnológica
Avaliação KPIs

Análise de Contexto

Principais atividades

A. Alinhamento dos objetivos, âmbito e expectativas

- Enquadramento do setor de atividade
- Análise estratégica e enquadramento digital do setor
- Análise de concorrência
- Realização da reunião de *kick-off*, com os *sponsors* de projeto e equipa de trabalho

B. Planeamento detalhado

- Estruturação de lista de informação necessária para o início do trabalho
- Agendamento de reuniões de trabalho periódicas, para controlo e acompanhamento dos trabalhos, e prestação de eventuais esclarecimentos necessários
- Definição do plano de trabalho do projeto e respetiva workbreakdownstructure(WBS)

Plano de Projeto

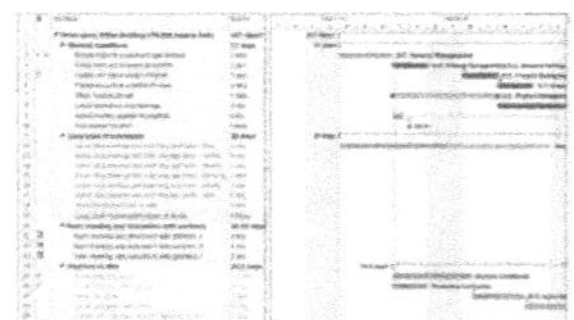

Log de Pedido de Informações

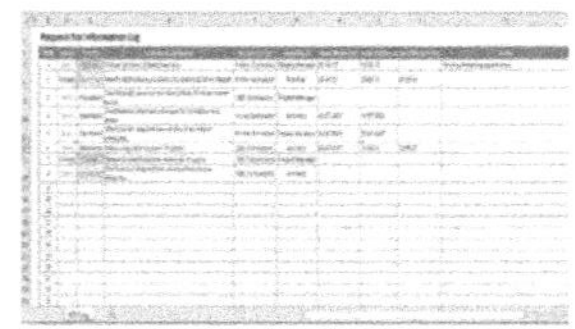

Análise de Processos

Principais atividades

A. Conceitos de negócio

- Análise de Cadeia de Valor
- Identificação de principais processos da organização
- Identificação de informação explicita sobre processos (documentação)
- Análise de execução de ciclo de vida do cliente

B. Conceitos tecnológicos e de dados

- Identificação de fontes de dados de suporte ao negócio
- Identificação de arquiteturas tecnológicas de suporte ao negócio
- Peso do digital em atividades core: das operações às vendas

Entregáveis

- Documento macro de *Situação Atual* da Cadeia de Valor
- Documento macro de Ciclo de Vida do Cliente
- Modelo organizacional macro de hierarquia de dados
- Modelo organizacional macro de arquitetura tecnológica de suporte

Exemplos de Entregáveis (ilustrativo)

Ciclo de Vida do Cliente

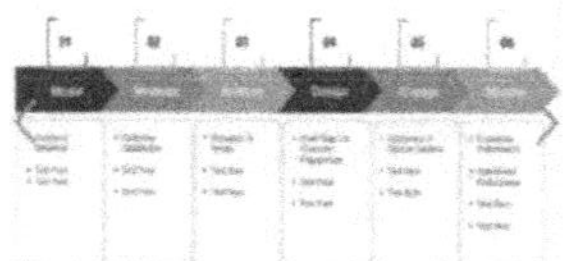

Macro Arquitetura Tecnológica

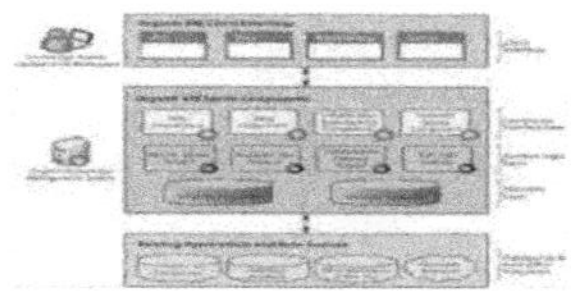

Entrevistas e Cultura

Principais atividades

A. Conceitos técnicos

- Realização de entrevistas individuais a vários níveis hierárquicos: *top management*, *middle management* e operacionais
- Realização de entrevistas a grupos de equipas operacionais e de vendas
- Inquérito global de adoção de inovações
- Análise de modelo organizacional

B. Conceitos culturais

- História da empresa
- Missão, Visão, Simbologia
- Liderança
- Cultura digital
- Inovação

Entregáveis

- Guiões de entrevistas
- Template de inquérito
- Documento de resumo de resultados de entrevistas
- Documento de principais resultados de inquérito

Exemplos de Entregáveis (ilustrativo)

Guião de Entrevista

Template de Inquérito

Avaliação de Gap

Principais atividades

A. Conceitos técnicos

- Análise de Modelo de Governação de Negócio Digital
- Avaliação de como o modelo organizacional suporta o Negócio Digital
- O papel dos Sistemas de Informação na organização
- Identificação das competências internas digitais existentes

B. Análise de Gap

- Governação e Estratégia Digital
- Organização e colaboração
- Experiência do Cliente
- Tecnologias e plataformas
- Informação e reporting
- Inovação
- Ecossistema

Entregáveis

- Guião de análise
- Diagrama de Gap versus mercado/setor

Exemplos de Entregáveis (ilustrativo)

Guião de Entrevista

Diagrama de Gap

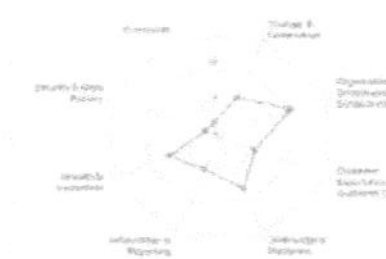

Recomendações

Organização e Análise de Contexto → Análise de Processos → Entrevistas e Cultura → Avaliação de *Gap* → *Recomendações*

Principais atividades

A. Estruturação e Ambição

- Plano macro de Transformação Digital
- Identificação de principais tópicos de transição
- Base de Estratégia Digital
- Identificação de competências fundamentais

B. Conclusões

- Situação Atual vs Caminhos Potenciais
- Identificação de ponto de partida de teste digital

Entregáveis

- Documento de Roadmap macro para Transformação Digital
- Relatório Final de Projeto

Exemplos de Entregáveis (ilustrativo)

Macro Roadmap

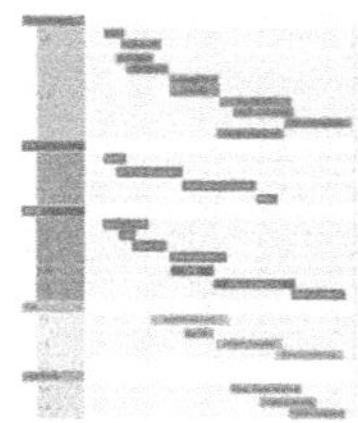

Relatório Final

ANEXO II

Etapa de *Estratégia DX* do *Framework* de Transformação Digital

Este anexo tem por objetivo apresentar, de forma simplificada, o conjunto de atividades desenvolvidas da etapa *core* de *Estratégia DX* da metodologia de Transformação Digital apresentada no Capítulo 6 do livro.

Âmbito

Assessment DX
Análise de Contexto
Análise de Processos e Documentais
Entrevistas / Análise de Cultura
Avaliação do *Gap*
Recomendações
Fase 2
Estratégia DX
Análise e Estratégia de Negócio - KPIs
Liderança Digital e de Sistemas de Informação
Arquitetura DX Alto Nível
Plano de Comunicação e de Gestão da Mudança
Implementação
Execução de etapas de transformação de negócio
Novos Produtos e Serviços
Integração de Cadeia de Valor
Arquitetura tecnológica
Avaliação KPIs

Definição de KPI

Principais atividades

A. Estruturação e Ambição

- Identificação de Objetivos Estratégicos
- Definição de sucesso
- Decisão de medidas
- Criação de KPIs SMART

B. Conclusões

- Estabilização e Alinhamento de 5 KPIs principais da empresa

Entregáveis

- Lista de KPIs por área/departamento e definição de suas métricas

Exemplos de Entregáveis (ilustrativo)

Lista de KPIs

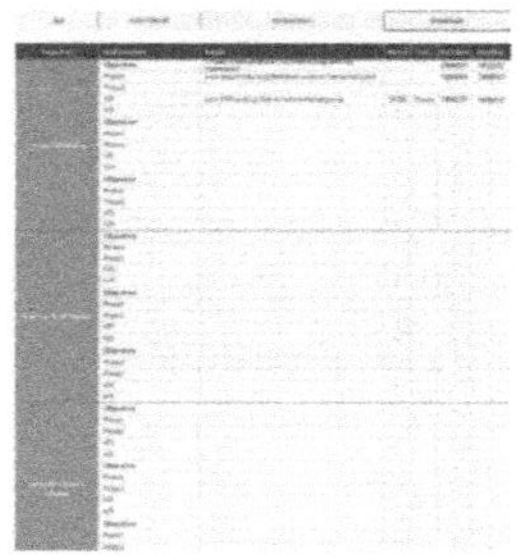

Liderança Digital

Principais atividades

A. Estruturação e Ambição

- Enquadramento digital de ecossistema (interfaces in e out)
- Análise de competências digitais fundamentais existentes e a desenvolver
- Análise e desenho de processos de 1º e 2º Nível

B. Conclusões

- Processos existentes vs melhorias potenciais curto e médio prazo
- Estruturação de competências digitais decisores e chefias

Entregáveis

- Desenho de processos 1º e 2º nível e identificação de principais interfaces internos e externos
- Mapa de Competências Digitais

Exemplos de Entregáveis (ilustrativo)

Desenho Processos 1º e 2º Nível

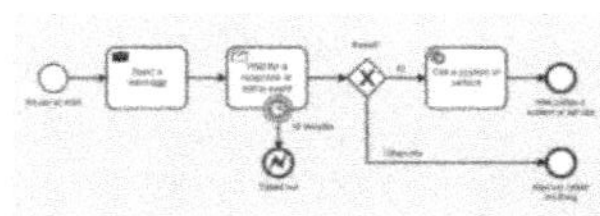

Mapa de Competências Digitais

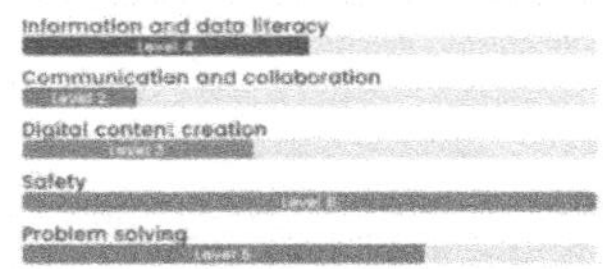

Arquitetura Tecnológica

KPI – Indicadores de Gestão > Liderança e Estrutura Digital > **Arquitetura Tecnológica** > Gestão da Mudança > Plano Estratégico

Principais atividades

A. Estruturação e Ambição

- Identificação macro de principais fluxos de informação
- Identificação de principais plataformas existentes
- Estruturação de Arquitetura Tecnológica futura

B. Conclusões

- Situação Atual vs Arquitetura recomendada
- Plano de etapas de execução

Entregáveis

- Maturidade tecnológica da Organização
- Arquitetura Tecnológica e roadmap alto-nível recomendado

Exemplos de Entregáveis (ilustrativo)

Maturidade Tecnológica

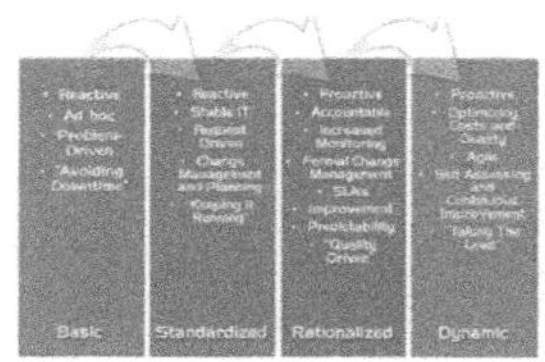

Relatório Final

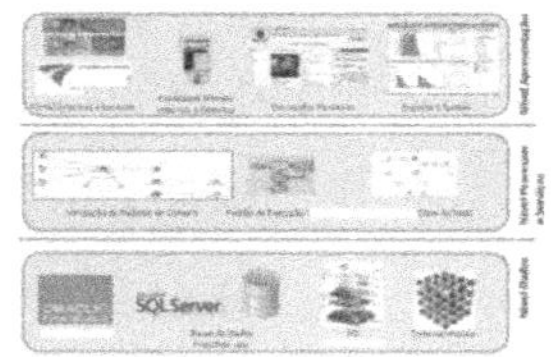

Gestão da Mudança

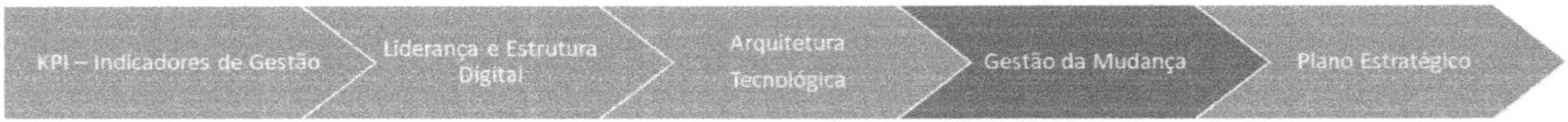

Principais atividades

A. Estruturação e Ambição

- Estruturação do "Porquê"
- Alinhamento de comunicação
- Identificação de iniciativas
- Definição de plataforma de comunicação

B. Conclusões

- Garantir uma estrutura clara de comunicação
- Definir principais ações alinhadas com a evolução da maturidade digital

Entregáveis

- Definição de Modelo Colaborativo digital (p.e. modelo Kanban)
- Plano de Comunicação e Formação

Exemplos de Entregáveis (ilustrativo)

Macro Kanban – Modelo Colaborativo

Plano de Comunicação

Plano Estratégico

KPI – Indicadores de Gestão > Liderança e Estrutura Digital > Arquitetura Tecnológica > Gestão da Mudança > Plano Estratégico

Principais atividades

A. Estruturação e Ambição

- Agregação de conteúdos estratégicos
- Roadmap de principais iniciativas (4 anos)

B. Conclusões

- Estruturação de Plano Estratégico

Plano Estratégico de Transformação Digital

ÍNDICE DE IMAGENS

REFERÊNCIAS

Ackoff, R. L. (1989). From Data to Wisdom. *Journal of Applied Systems Analysis 16*, 3–9.

American Museum of Natural History (Diretor). (2016, abril 11). *Human Population Through Time*. https://www.youtube.com/watch?v=PUwmA3Q0_OE

Anabela Chastre et al. (2018). *O PAPEL DO LÍDER NA TRANSFORMAÇÃO DIGITAL: How fast can we go? — Leaders in cars (Portuguese Edition)*. Tema Central. https://www.amazon.com/PAPEL-L%C3%8DDER-TRANSFORMA%C3%87%C3%83O-DIGITAL-Portuguese-ebook/dp/B07HQXVYDK/ref=sr_1_1?ie=UTF8&qid=1538514696&sr=8-1&keywords=anabela+chastre

Barros, A. (2020, abril 9). Querido, mudei o Funil de Marketing! — Digitalks. *Digitalks Portugal*. https://digitalks.pt/artigos/querido-mudei-o-funil-de-marketing/

Blanchard, K. (2018). *Leading at a Higher Level: Blanchard on Leadership and Creating High Performing Organizations* (3ª edição). FT Press.

Bourgeois, D. T. (2014). *Information Systems for Business and Beyond*. Lulu.com.

Brandenburger, A., & Nalebuff, B. (2021, janeiro 1). The Rules of Co-opetition. *Harvard Business Review*. https://hbr.org/2021/01/the-rules-of-co-opetition

Chesbrough, H. W. (2005). *Open Innovation: The New Imperative for Creating And Profiting from Technology* (1.ª ed.). Harvard Business School Press.

Collins, J. (2001). *Good to Great: Why Some Companies Make the Leap and Others Don't* (1st edition). HarperBusiness.

Collins, J., & Porras, J. I. (2004). *Built to Last: Successful Habits of Visionary Companies* (1.ª ed.). Collins Business.

Coopetition: Winning Strategies for the 21st Century. (2010). Edward Elgar Pub.

Court, D., Perrey, J., McGuire, T., Gordon, J., & Spillecke, D. (2015). *Big Data, Analytics, and the Future of Marketing & Sales*. McKinsey. https://www.mckinsey.com/business-functions/marketing-and-sales/our-insights/ebook-big-data-analytics-and-the-future-of-marketing--sales

D'Antonio, M. (2007). *Hershey: Milton S. Hershey's Extraordinary Life of Wealth, Empire, and Utopian Dreams* (Illustrated edição). Simon & Schuster.

Demchenko, Y., Membrey, P., Grosso, P., & Laat, C. (2013, maio 21). *Addressing Big Data Issues in Scientific Data Infrastructure*. https://doi.org/10.1109/CTS.2013.6567203

Digital 2022: Brazil. (2022). DataReportal — Global Digital Insights. https://datareportal.com/reports/digital-2022-brazil

Elton, C. S. (2001). *Animal Ecology* (Reprint edition). University of Chicago Press.

Estratégia de Governo Digital 2020-2022. (2020). Governo Digital. https://www.gov.br/governodigital/pt-br/EGD2020/estrategia-de-governo--digital-2020-2022

Felix Ritcher. (2021, fevereiro 24). *Chart: Pandemic Accelerates Shift to Online Retail*. Statista. https://www.statista.com/chart/14011/e-commerce--share-of-total-retail-sales/

García, J. M. R. (2001). *Scientia potestas est — Knowledge is Power: Francis Bacon to Michel Foucault*. *119*(1), 1–19. https://doi.org/10.1515/ANGL.2001.1

Gates, B. (1999). *Business @ the Speed of Thought: Succeeding in the Digital Economy*. Grand Central Publishing.

Gupta, S. (2018). *Driving Digital Strategy: A Guide to Reimagining Your Business*. Harvard Business Review Press.

Hamel, G., & Zanini, M. (2020). *Humanocracy: Creating Organizations as Amazing as the People Inside Them*. Harvard Business Review Press.

IDC. (2022). *IDC — IT EXECUTIVE — Digital Transformation (DX)*. IDC: The premier global market intelligence company. https://www.idc.com/itexecutive/research/dx

Institute For Strategy And Competitiveness — Harvard Business School. (2021). *Unique Value Proposition*. https://www.isc.hbs.edu/strategy/creating-a-successful-strategy/Pages/unique-value-proposition.aspx

Kane, G. C., Phillips, A. N., Copulsky, J. R., & Andrus, G. R. (2019). *The Technology Fallacy: How People Are the Real Key to Digital Transformation*. The MIT Press.

Katz, D., & Kahn, R. L. (1978). *The Social Psychology of Organizations* (2nd edição). Wiley.

Kiron, D., Kane, G. C., Palmer, D., Phillips, A. N., & Buckley, N. (2016). Aligning the Organization for its Digital Future. *MIT Sloan Management Review; Cambridge, 58*(1), 0–0.

Marr, B. (2018, setembro 2). What is Industry 4.0? Here's A Super Easy Explanation For Anyone. *Forbes*. https://www.forbes.com/sites/bernardmarr/2018/09/02/what-is-industry-4-0-heres-a-super-easy-explanation-for-anyone/

Martin Armstrong. (2019, abril 16). *Infographic: Global Data Creation is About to Explode*. Statista Infographics. https://www.statista.com/chart/17727/global-data-creation-forecasts/

Michael E. Porter. (1980). How competitive forces shape strategy. *McKinsey Quarterly*.

Nations, U. (2021). *Milestones in UN History 1941-1950*. United Nations; United Nations. https://www.un.org/en/about-us/history-of-the--un/1941-1950

Nicholas Carr. (2003). IT doesn't matter. *Harvard Business Review*. http://www.roughtype.com/?p=644

Olanrewaju, T., & Willmott, P. (2013). *Finding your digital sweet spot*. https://www.mckinsey.com/business-functions/mckinsey-digital/our-insights/finding-your-digital-sweet-spot

Pagar.me. (2022, agosto 17). *E-commerce no Brasil: Dados sobre o mercado digital (2022)*. https://pagar.me/blog/ecommerce-no-brasil/

Pierre Nanterme. (2016, janeiro). *Digital disruption has only just begun*. World Economic Forum. https://www.weforum.org/agenda/2016/01/digital-disruption-has-only-just-begun/

Porter, M. E. (1998). *Competitive Advantage: Creating and Sustaining Superior Performance* (1 edition). Free Press.

Porter, M. E., & Millar, V. E. (1985, julho 1). How Information Gives You Competitive Advantage. *Harvard Business Review, July 1985*. https://hbr.org/1985/07/how-information-gives-you-competitive-advantage

R "Ray" Wang. (2011, março 3). *The Four Personas of the Next-Generation CIO*. https://hbr.org/2011/03/the-four-personas-of-the-next

Rebelo, F., Noriega, P., Duarte, E., & Soares, M. (2012). Using Virtual Reality to Assess User Experience. *Human factors, 54*, 964–982. https://doi.org/10.1177/0018720812465006

Ribeiro, R. (2020, fevereiro 11). *A minha empresa é um f(x) digital*. O Jornal Económico. https://jornaleconomico.sapo.pt/noticias/a-minha--empresa-e-um-fx-digital-546095

Ribeiro, R. (Ed.). (2021). Digital Transformation: The evolution do the Enterprise Value Chain. Em *Proceedings of Fifth International Con-*

gress on Information and Communication Technology: ICICT 2020, London, Volume 1 (Vol. 1, pp. 290–302). Springer Singapore. https://doi.org/10.1007/978-981-15-5856-6

R.L. Ackoff. (1989). From Data to Wisdom. *Journal of Applied Systems Analysis 16*, 3–9.

Rogers, D. (2016). *The Digital Transformation Playbook: Rethink Your Business for the Digital Age*. Columbia University Press.

Rogers, D. L. (2011). *The Network Is Your Customer: Five Strategies to Thrive in a Digital Age*. Yale University Press.

Roser, M. (2013). Economic Growth. *Our World in Data*. https://ourworldindata.org/economic-growth

Roser, M., Ortiz-Ospina, E., & Ritchie, H. (2013). Life Expectancy. *Our World in Data*. https://ourworldindata.org/life-expectancy

Roser, M., Ritchie, H., & Ortiz-Ospina, E. (2013). World Population Growth. *Our World in Data*. https://ourworldindata.org/world-population-growth

Ross, J. (2018, abril 5). Digital Is About Speed—But It Takes a Long Time. *MIT Sloan Management Review*. https://sloanreview.mit.edu/article/digital-is-about-speed-but-it-takes-a-long-time/

Rui Ribeiro. (2017, agosto 26). *Transformação Digital do Papel ou de Processos de Negócio?* O Jornal Económico. https://jornaleconomico.sapo.pt/noticias/transformacao-digital-do-papel-ou-de-processos-de-negocio-200921

Salesforce.com. (2018). *What is Digital Transformation? | A Definition by Salesforce*. Salesforce.Com. https://www.salesforce.com/eu/products/platform/what-is-digital-transformation/

SAP. (2020). *SAP Work Manager Overview—SAP Help Portal*. https://help.sap.com/viewer/bafcad7b381740aaadbeb8482afe59b7/6.5.0/en-US/b4d05e7270a71014882be7f64e204223.html

Simon Jacobson. (2021, março 16). Strategy and Execution in Smart Manufacturing Must Meet in Middle. *Power of the Profession*. https://blogs.gartner.com/power-of-the-profession-blog/strategy-and-execution-in-smart-manufacturing-must-meet-in-middle/

Sinek, S. (2019). *The Infinite Game: How Great Businesses Achieve Long-Lasting Success* (1st edition). Penguin.

SISBI, S. de B. da U. F. do A.-. (2021). Estratégia digital do Banco do Brasil na atualidade. *Revista de Empreendedorismo, Negócios e Inovação, 6*(1), Art. 1. https://doi.org/10.36942/reni.v6i1.456

Smithsonian Natural Museum of Natural History. (2021). *The Smithsonian's Human Origins Program | The Smithsonian Institution's Human Origins Program*. https://humanorigins.si.edu/

Stearns, P. N. (2012). *The Industrial Revolution in World History* (4ª edição). Routledge.

TED (Diretor). (2012, janeiro 10). *Your body language may shape who you are | Amy Cuddy*. https://www.youtube.com/watch?v=Ks-_Mh1QhMc

The Economist. (2017, maio 6). The world's most valuable resource is no longer oil, but data. *The Economist*. https://www.economist.com/leaders/2017/05/06/the-worlds-most-valuable-resource-is-no-longer-oil-but-data

United Nations Conference on Trade and Development. (2019). *Digital economy report 2019: Value creation and capture : implications for developing countries.*

Weill, P., & Woerner, S. (2018). *What's Your Digital Business Model?: Six Questions to Help You Build the Next-Generation Enterprise*. Harvard Business Review Press.

Welchman, L. (2015). *Managing Chaos: Digital Governance by Design* (1 edition). Rosenfeld Media.

World Economic Forum. (2016). *World Economic Forum White Paper Digital Transformation of Industries: Digital Enterprise.*